中南大學地球科學學術文庫

丙申 何繼善

中南大学地球科学学术文库
中南大学地球科学与信息物理学院　组织编撰

地震约束的海洋可控源电磁法反演

Marine Controlled-Source Electromagnetic Data Inversion Constrained by Seismic Image

郭振威　柳建新　肖建平　**著**

有色金属成矿预测与地质环境监测教育部重点实验室
有色资源与地质灾害探查湖南省重点实验室　**联合资助**

·长　沙·

图书在版编目(CIP)数据

地震约束的海洋可控源电磁法反演／郭振威，柳建新，肖建平著．—长沙：中南大学出版社，2019.11

ISBN 978－7－5487－3777－3

Ⅰ.①地… Ⅱ.①郭… ②柳… ③肖… Ⅲ.①海洋电磁学—地震反演 Ⅳ.①P733.6

中国版本图书馆 CIP 数据核字(2019)第 225154 号

地震约束的海洋可控源电磁法反演

DIZHEN YUESHU DE HAIYANG KEKONGYUAN DIANCIFA FANYAN

郭振威　柳建新　肖建平　著

□责任编辑　伍华进

□责任印制　易红卫

□出版发行　中南大学出版社

社址：长沙市麓山南路　　邮编：410083

发行科电话：0731－88876770　　传真：0731－88710482

□印　　装　长沙市宏发印刷有限公司

□开　　本　710 mm×1000 mm 1/16　□印张 9.5　□字数 194 千字　□插页 2

□版　　次　2019 年 11 月第 1 版　□2019 年 11 月第 1 次印刷

□书　　号　ISBN 978－7－5487－3777－3

□定　　价　68.00 元

内容简介

Introduction

近些年，“资源与灾害探查”湖南省高校创新团队发表了许多优秀的科研成果，柳建新教授组织团队的研究人员撰写了《地球物理计算中的迭代解法及其应用》《直流激电反演成像理论与方法应用》《大地电磁贝叶斯反演方法与理论》《频率域可控源电磁法三维有限元正演》《便携式近地表频率域电磁法仪器及其信号检测》《东昆仑成矿带典型矿床电磁响应特征及成矿模式识别》《青藏高原东南缘地面隆升机制的地震学问题》和《青藏高原岩石圈力学强度与深部结构特征》等著作。这些专著反映了团队相关理论和应用的最新的研究成果。

本书主要讲述的是海洋电磁法在海底油气勘探中的应用，该法是除了海洋地震勘探以外用于油气勘探设计和油气勘探数据解释的重要方法。与海洋地震勘探的高分辨率优势不同，海洋电磁法具有目标体导电物理特性的属性优势。本书涉及海洋可控源电磁法和海洋大地电磁法的正反演理论，以及结合海洋地震图像中提取的结构，约束海洋电磁法的反演。这一方法在理论数据和实测数据的获取过程中，得到很好的验证。海洋电磁法为海洋油气勘探工作降低了勘探风险，节约了勘探成本，具有巨大的推广价值。

本书内容主要是郭振威等在海洋电磁法反演领域的研究成果，可供相关科研人员与工程领域的工作人员参考，同时也可以作为高等院校以及科研院所专业研究人员和研究生的参考用书。

作者简介

About the Author

郭振威　男，1985 年 1 月出生，辽宁朝阳人。现任中南大学特聘副教授、硕士研究生导师，勘探地球物理学会（SEG）会员。主要从事海洋电磁法、海洋油气勘探的科研和教学工作。2003—2007 年在中南大学就读本科，专业方向为地球信息科学与技术专业；2007—2010 年在中南大学就读地球探测与信息技术专业的硕士研究生。2011 年获得国家留学基金委“建设高水平大学公派研究生项目”资助，赴挪威攻读博士学位。2016 年获得挪威科技大学（*Norwegian University of Science and Technology*，NTNU）自然科学博士学位，从事海洋电磁勘探研究。在挪威期间，以访问研究员的身份参与了挪威国家石油公司（Statoil）的海洋油气勘探项目。2016 年获得“博士后国际交流引进项目”，在中南大学从事博士后研究工作。2019 年，受聘为中南大学特聘副教授，于中南大学地球科学与信息物理学院应用地球物理系开展教学和科研工作。主持国家自然科学基金青年项目 1 项，中国博士后科学基金面上项目 1 项，有色金属成矿预测与地质环境监测教育部重点实验室开放基金 1 项，国家海洋局海底科学重点实验室开放基金 1 项。出版全英文学术专著 1 部，以第一作者或通讯作者身份发表 SCI 检索的国际期刊论文 11 篇。开设一门全英文课程《海洋地球物理》。

柳建新　博士，男，1962 年 5 月出生，1979 年考入中南矿冶学院应用地球物理专业，师从我国著名地球物理学家、原中南工业大学校长、中国工程院院士何继善教授，1983 毕业后分配到湖南有色地质勘探公司 238 队工作，1990 年获应用地球物理专业硕士学位，2006 年获地球探测与信息技术专业博士学位。1990 年研究生毕业留校任教，1996 年破格晋升为教授，2004 年被聘为中南大学博士生导师。

长期从事矿产资源勘探、工程勘察领域的理论与应用研究，其研究成果在100多个矿山得到应用并取得了良好的勘探效果，在广西泗顶铅锌矿外围、湖南江永铅锌银矿外围、云南保山立扒郎、内蒙古额尔古纳东郡等多个矿山或成矿区带的深部隐伏矿勘探中取得了重大突破，找到了大量的矿产资源，缓解了矿山和委托单位的接替资源危机，为社会稳定做出了贡献。

近年来主持国家自然科学基金面上项目3项、教育部博士点基金2项(含优先发展领域项目1项)、国家科技基础性研究专项1项、国家"863"项目课题1项、中国地质调查局资源勘查专项8项、"十二五"科技支撑项目课题2项，作为主要人员参加国家"863"课题2项、国家科技支撑研究项目4项、其他省部级研究项目20多项、校企研究项目100多项、湖南省重大专项1项。

先后获国家技术发明二等奖1项、国家科技进步二等奖1项、国家科技进步三等奖1项，省部级科技进步一等奖7项、二等奖4项、三等奖2项。申报专利8项，其中4项获得授权。出版专著14本，发表论文近240篇，其中被SCI、EI收录111篇。

指导博士、硕士研究生78人，其中有6位博士研究生作为联合培养研究生到美国、加拿大、挪威等国家的高水平大学学习，目前已回国的3人均作为优秀人才留校工作，为中南大学师资队伍建设贡献了力量。指导的研究生有5人获得博士研究生国家奖学金、10人获得硕士研究生国家奖学金，他们的学位论文多次被评为湖南省和中南大学的优秀学位论文。

编辑出版委员会

Editorial and Publishing Committee

中南大学地球科学学术文库

总序

Preface

中南大学地球科学与信息物理学院具有辉煌的历史、优良的传统与鲜明的特色，在有色金属资源勘查领域享誉海内外。陈国达院士提出的地洼学说(陆内活化)成矿学理论，影响了半个多世纪的大地构造与成矿学研究及找矿勘探实践。何继善院士发明电磁法系统探测方法与装备，获得了巨大的找矿勘探效益。所倡导与践行的地质学与地球物理学、地质方法与物探技术、大比例尺找矿预测与高精度深部探测的密切结合，形成了品牌效应的“中南找矿模式”。

有色金属属于国家重要的战略资源。有色金属成矿地质作用最为复杂，找矿勘查难度最大。正是有色金属资源宝贵性、成矿特殊性与找矿挑战性，铸就了中南大学地球科学发展的辉煌历史，赋予了找矿勘查工作的鲜明特色。六十多年来，中南大学地球科学研究在地质、物探、测绘、探矿工程、地质灾害和地理信息等领域，在陆内活化成矿作用与找矿勘查、地球物理探测技术与装备制造、深部成矿过程模拟与三维预测、复杂地质工程理论与新技术以及地质灾害监测等研究方向，取得了丰硕的研究成果，做出了巨大的科技贡献，产生了广泛的社会影响。当前，中南大学地球科学研究，瞄准国际发展方向和国家重大需求，立足于我国复杂地质背景下资源勘查与环境地质的理论与方法创新研究，致力于多学科联合开展有色金属资源前沿探索与应用研究，保持与提升在中南大学“地质、采矿、选矿、冶金、材料”特色与优势学科链中的地位和作用，已发展成为基础坚实、实力雄厚、特色鲜明、国际知名、国内一流的以有色金属资源为主兼顾油气、岩土、地灾、环境领域的人才培养基地和科学研究中心。

中南大学有色金属成矿预测与地质环境监测教育部重点实验室、有色资源与地质灾害探查湖南省重点实验室，联合资助出版“中南大学地球科学学术文库”，旨在集中反映中南大学地球科学与信息物理学院近年来取得的系列研究成果。所依托的主要研究机构包括：中南大学地质调查研究院、中南大学资源勘查与环境地质研究院和中南大学长沙大地构造研究所。

本书库内容主要涵盖：继承和发展地洼学说与陆内活化成矿学理论所取得的重要研究进展，开发和应用双频激电仪、伪随机和广域电磁法系统所取得的重要研究成果，开拓和利用多元信息找矿预测与隐伏矿大比例尺定位预测所取得的重要找矿成果，探明和研发深部“第二勘查空间”成矿过程模拟与三维定量预测方法所取得的重要研究成果，预警和防治复杂地质工程与矿山地质灾害所取得的重要技术成果。本书库中提出了有色金属资源勘查理论、方法、技术和装备一体化的系统研究成果，展示了多项突破性、范例式、可推广的找矿勘查实例。本书库对于有色金属资源预测、地质矿产勘探、地质环境监测、地质灾害探查以及地质工程预防，特别对于有色金属深部资源从形成规律到分布规律理论与应用研究，具有重要的借鉴作用和参考价值。

感谢中南大学出版社为策划和出版该文库所给予的大力支持。感谢何继善先生热情指导和题词。希望广大读者对本书库专著中存在的不足和错误提出宝贵的意见，使“中南大学地球科学学术文库”更加完善。

是为序。

2016 年 10 月

前言

Foreword

2002年，海洋可控源电磁法首次被应用到安哥拉地区的海洋油气勘探的商业领域中。主导此次开发任务的挪威国家石油公司也成了这一领域的引导者。随后，世界各地的石油公司陆续开展相关业务。海洋可控源电磁法为油气勘探提供了另一个角度的判断依据，节省了大量的勘探成本。但是，电磁法的局限在于本身的分辨率不高，不能很清晰地解释地质结构，同时电磁法的反演需要大量的计算时间。如果能够提高海洋可控源电磁法的反演速度，或者提供更好的电阻率图像结果，那么海洋油气资源的勘探成本将会大大降低。

本书主要研究的就是如何提高海洋可控源电磁法的反演效率问题。主要思路是从已知的海洋地震图像中提取地质结构信息。利用该结构信息约束海洋可控源电磁法的限制性反演，从而提高反演结果的分辨率。我们根据从地震图像中提取出的结构特征点，建立了反演网格，使反演时间降为原来的三分之一。这一方法在挪威国家石油公司的Troll油田得到了应用，并取得了理想的效果，为其节约了勘探成本。2018年10月，笔者接到挪威国家石油公司(Equinor)的邀请，赴挪威特隆赫姆Rotvoll研发中心，进行学术交流，所取得的成果得到了国外专家的一致肯定。研究成果在石油勘探领域有着重要的应用前景及推广开发价值。

本书全面阐述了海洋可控源电磁法和海洋大地电磁法的发展和应用现状，以及截至2018年底的最新研究成果。全书共6章，第1章主要介绍海洋可控源电磁法的数据采集、数据处理以及正反演的国内外发展和研究现状。第2章介绍海洋可控源电磁法理论、岩石物理、麦克斯韦方程推导，以及海洋可控源电磁法正反演问题。第3章介绍海洋可控源电磁法两种数据采集方式的研究成果、油藏敏感指数，以及海水深度、油藏储层埋深等参数对于勘探效果的影响。第4章提出了基于地震相干度驱动的海洋可控源电磁法稀疏网格反演。第5章在稀疏网格反演的方法基础上，提出并解决了图像引导的正则化海洋电磁法反演问题，并得到了实测数据的验证。第6章讨论了在海洋油气勘探电磁数据反演过程中的结构化与非结构化网格的选取问题。

本书得到了国家自然科学基金项目(41804073)、国家海洋局海底科学重点实验室开放基金(KLSG1905)、有色金属成矿预测与地质环境监测教育部重点实验室(中南大学)开放基金资助项目(2019YSJS10)的联合资助。本书的大部分研究工作在挪威科技大学和挪威国家石油公司。在此感谢挪威科技大学的Hefeng Dong教授的学术引导和鼓励。感谢国际友人挪威国家石油公司的Dr. Per Atle Olsen, Dr. Emmanuel Causse，和Dr. Anh Kiet Nguyen对文章部分结果建设性的建议和分析。感谢挪威国家石油公司提供的电磁数据用于测试研究算法。感谢挪威石油地质服务公司的Dr. Zhijun Du在拖曳拖缆式数据采集方式的算法建议。

由于笔者的学识有限，书中疏漏之处亦恐难免，本人热诚欢迎读者朋友批评指正。

郭振威

2019年7月

目录

Contents

第 1 章　海洋油气勘探和可控源电磁法

海洋石油和天然气勘探是从陆地石油勘探发展而来的。海洋油气勘探的发展是一个从简单到复杂，从浅水到深水的过程。1887 年，海上石油勘探首先在加利福尼亚沿海水域进行，第一个海上勘探井在浅水区钻探(Mastrangelo，2005)。

在海洋地球物理勘探中，传感器负责记录物理参数的变化，例如岩石的弹性特征或电性特性。虽然海洋地震是最常见的碳氢化合物(hydrocarbon，HC) 勘探工具，但海洋电磁方法在过去20 年中得到了迅速发展，主要原因是其可以克服地震数据在直接预测孔隙流体成分方面的局限性(Constable，2010)。对于碳氢化合物填充孔隙介质的沉积岩地质地球物理解释，地震勘探方法在孔隙间的填充物问题上具有较大的不确定性。因此，在很多地区，只有10% ~30% 的勘探井成功地探测到了具有商业价值的石油或天然气(Johansen 等，2005)。因此，海洋电磁方法是海洋油气储层勘探的有效手段。

Baba(2005)、Edwards(2005)、Constable(2010) 和 Key(2012a) 所做的一些综述研究已经回顾了海洋电磁方法的发展。海洋可控源电磁法(CSEM) 探测的历史与海洋大地电磁(MT) 方法的历史密切相关，都是通过电场和磁场研究海底电阻率的技术。Bannister(1968) 最早提出了海洋可控源电磁法测量问题，并在频域中提出了海底 - 海底的偶极 - 偶极测量理论以确定海底电阻率。然而，由于技术手段的落后，以及仪器测量精度的问题，当时的研究者很难将海底测量值从理论发展到实践。直到 20 世纪 90 年代末，挪威国家石油公司的研究人员使用海洋可控源电磁法识别出了深海环境中的碳氢化合物(Eidesmo 等，2005)。2000 年 11 月，Statoil 公司完成了该技术的第一次海洋实验，并成功地找到了已知的安哥拉海域油藏(Eidesmo 等，2002；Ellingsrud 等，2002)。之后的几年里，该方法被多次应用于近海的油气勘探(Constable，2010)。但由于缺乏统计学上显著的校准数据，海洋可控源电磁法在油气勘探领域的发展依然受限。而后，伴随着新设备的开发，可控源电磁数据的采集质量有了显著的提高，并在数据处理和数据解释中开创了新方法。2003 年由 EMGS 公司采集的 Troll 海洋可控源电磁数据通过了测试。该方法应用在探矿工作时，也取得了很好的勘探成果。这些结果为油气勘探开辟了新的学术前沿。

可控源电磁法可以使用电偶极子源作为信号发射器。Chave(2009)讨论了油气勘探中所有的电偶极子源和磁偶极子源的几何形状的理论公式。可控源电磁法的四种基本源类型是水平电偶极子(HED)和垂直电偶极子(VED)、水平磁偶极子(HMD)和垂直磁偶极子(VMD)。用于油气勘探的可控源电磁法主要使用拖曳式的水平电偶极子(HED)源和一系列海底电场接收器。水平电偶极子发射低频电磁信号，向外扩散到上覆水柱中并向下扩散到海床中。海底接收器阵列测量接收到电磁信号的幅度和相位，主要取决于海底下方的电阻率结构。海洋可控源电磁法的详细描述最早见于 MacGregor 和 Sinha(2000)，Edwards(2005)以及 Constable 和 Srnka(2007)等的文章。

然而，相对而言成本较高是传统可控源电磁法技术推广的重大障碍，故其主要应用在前沿盆地和基础设施相关的勘探领域中。Ziolkowski 等(2010)提出了一种新型拖曳拖缆法的数据采集方式，这种方法的发射器和拖缆阵列的接收器都被船拖曳前行，从而允许数据的连续采集。这种数据采集系统已在北海油田成功地测试并应用(Linfoot 等，2011a；Zhdanov，2012)。尽管有许多成功的案例研究表明可控源电磁法能够探测到油气储层，但海洋可控源电磁法尚未完全被业界所接受。一个成功的案例表明，拖曳的电磁数据适用于表征北海 Troll 油田的地下电阻率结构(Linfoot 等，2011a)。

在工业生产中，对固定式垂直电偶极子源发射信号的方法也做过相关测试，其中垂直发射器产生的垂直电流对水平电阻层比较敏感(Holten 等，2009a；2009b)。但是，传统的深部水平电偶极子发射器和海底接收器的分辨率优势更加明显。

1.1 海洋可控源电磁法的数据采集

在海洋油气勘探中，水平电偶极子源发出低频(0.1 ~ 10 Hz)信号，并由海底接收器或拖缆接收器记录。低频电磁信号随距离呈指数衰减。根据衰减的电磁信号所需的距离因子 e^{-1}(≈ 0.37)，定义为趋肤深度。使用可控源电磁法探测的原理是基于导电介质中电磁场的扩散性质。由于海水对扩散电磁场的强烈的衰减作用，要求在数据采集时水平电偶极子源尽可能靠近海底拖曳，以需求最大化的电磁能量传输到地下。然而，接近海面的电偶极子源提供了更快捷的操作效率和牵引速度(Shantsev 等，2012)。拖缆式接收器提供了快速的数据采集方法，这是海底基站式的数据采集方式所不能做到的。此外，由于拖曳拖缆式的设备位于近海面以下，其具有固定深度并且能通过 GPS 精确测量其定位，因此发射源和拖缆接收器定位的不确定性相比于基站式要小很多。

典型的海洋可控源电磁法的勘查如图 1.1 所示，通常称为海底基站式观测系统(sea bed logging, SBL)或称为结点式数据采集系统。电阻率模型由空气的均匀半空间、海水层、沉积层、薄电阻储层、砂岩层和下面的基底组成。沉积层的电阻率大于海水层。作为油气储层的薄层相比于周围砂岩介质具有更高的电阻率。

图 1.1 中，船只拖曳着水平电偶极子源在海底前行。为了减少海水中的能量损失，应将发射源拖到靠近海底 30 m 左右的位置。发射器长度为 270 m，在海水中发射 1250 A 电流，产生磁场和电场，传播到海底。海底基站式电场接收器阵列被放置于海底接收电磁信号。

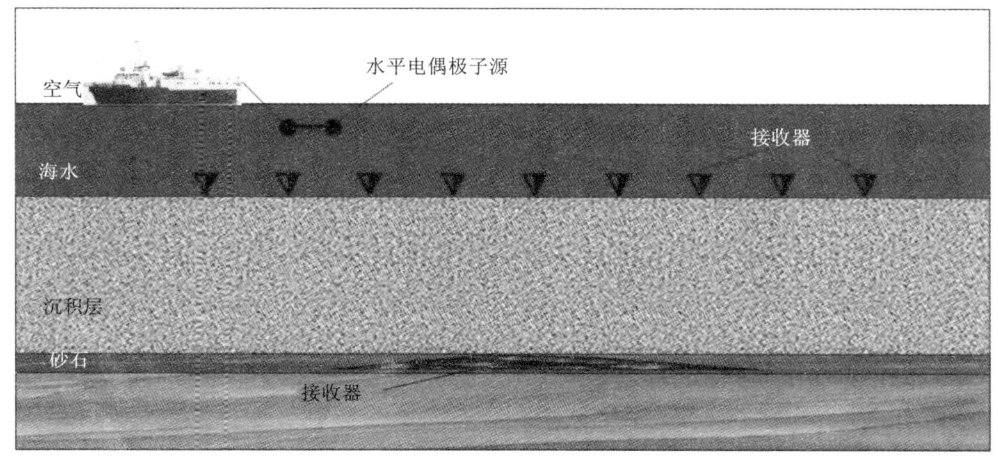

图 1.1　海底基站式观测系统

与海底基站式观测系统相比，拖缆式电磁观测系统具有很高的数据采集效率。拖缆式电磁观测系统的观测方式如图 1.2 所示，其中电阻率模型与图 1.1 海底基站式观测系统的电阻率模型相同。牵引船不仅拖曳水平电偶极子源，还牵引着载有接收器的拖缆。通常情况下，信号发射源在水面以下 10 m 深处，拖缆在水面以下 100 m 深处，偏移距通常为 500 ~ 8000 m。该系统中的发射源长度为 800 m，发射电流为 1500 A(Folke 等，2012)。发射源将信号发射到水中，沿着拖缆测量不同位置的电场响应。地下的油气储层可以引起电磁信号中的异常，这种异常能在接收的数据中被检测到。

一些高阻异常的目标体可以直接从原始数据中得到，例如天然气藏。此外，数据处理、建模和反演方法可以提供了更多的信息，并详细描述了海底的电阻率结构和深度。

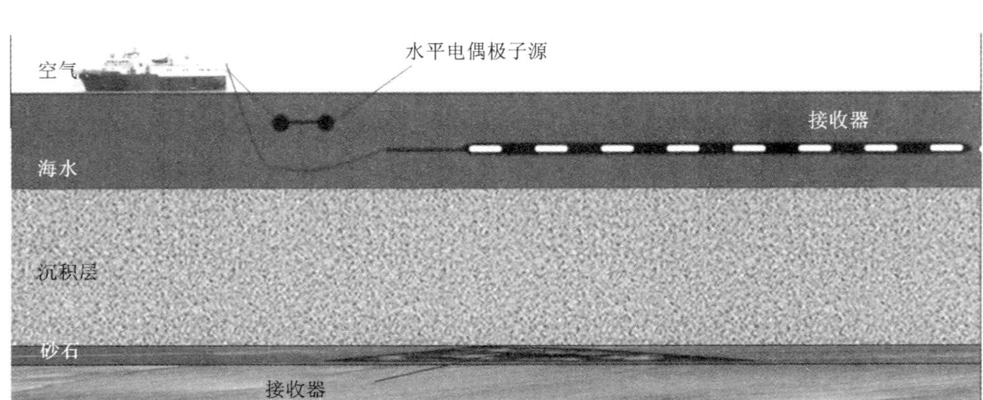

图 1.2　拖缆式电磁观测系统

1.2　海洋可控源电磁法正演

为了模拟海洋可控源电磁场，我们选取了自适应有限元的方法。下面简要介绍有限元法在电磁场模拟领域的进展。

有限单元法（finite element methods，FEM）是一种利用网格剖分将一个连续区域转化为多个剖分的单元，以便用于求解微分方程组或积分方程组数值解的数值方法。FEM 的基本思想就是基于变分原理，经区域剖分后在每个剖分出的单元内进行插值，再对每个单元里的泛函进行积分求和，得到一个线性代数方程组，求解这个线性方程组就得到了相应节点的函数值，简化了变分问题的求解。

直到 20 个世纪 70 年代，Coggon（1971）首次将有限单元法应用于电磁场正演模拟。Rodi（1976）提出了一种二维电导率结构上的大地电磁数据数值模拟的有限元方法，运用了一种当时新型的矩形剖分网格方案，提高了二维大地电磁测深的正演精度。Wannamaker（1986）等利用有限元方法计算了带地形的二维大地电磁响应。

自适应网格剖分和非结构化网格的概念的应用，逐渐形成了自适应有限元非结构化网格方法，节省了大量的计算内存，极大地提高了计算效率和计算精度。Key 和 Weiss（2006）首次将自适应有限元非结构化网格方法应用到了二维大地电磁正演模拟中，使用不规则三角形网格代替了矩形网格，更加符合复杂的结构边界，使用后验误差估计方法自适应细化有限元网格，通过迭代细化了精度不足的网格，从而确保了计算精度。

Li 和 Key(2007) 又提出了一种基于目标的非结构化网格自适应细化方案，使用双加权后验误差估计器，并使非结构化网格自行进行有效调整，计算出2.5 维可控源电磁法偏微分方程的精确解，由于这种方法采用了解析解的方式计算一次场，因此是当时最精确的解法。Ren 和 Tang(2010) 提出了一种求解三维直流电阻率建模问题的自适应有限元方法，以初始粗网格开始，在基于梯度恢复的后验误差估计器指示需要细化的任何地方进行自适应细化，准确模拟了复杂的地质模型，然而该方案计算速度较慢，可以通过面向目标的细化策略大大降低自适应细化网格的密度，在保持数值精度的同时节省大量计算时间。

Key 和 Ovall(2011) 提出了一种面向目标的基于全局后验误差估计的自适应网格剖分技术，找到了网格密度的最优分布，提高了 2.5 维电磁法数值模拟的准确性，同时降低了运算成本，提高了运算效率。Ren 等(2013) 将这种技术应用到基于电场微分方程的平面波三维电磁法模型中，使用了非结构化网格方案来求解涉及曲面边界和地表地形的任意电导率、磁导率和介电常数的复杂模型。Key(2016) 使用面向目标的自适应有限元方法自动生成和精炼符合反演参数网格的非结构化三角形单元网格，确保了电导率变化时获得准确的模型响应。

Liu 等(2018) 提出了一种类似面向目标的自适应有限元方法，应用全局后验误差估计指导非结构化四面体网格的细化，用于模拟一般各向异性电导率介质中的三维大地电磁场，实现了对任意深部进行建模，形成了基于四面体网格的结构化边界。另外，Zhang 等(2018) 还使用了非结构化网格自适应有限元方法与后向欧拉方案，进行了时域三维机载电磁全波正演模拟，基于后验误差估计应用随机网格选择技术提高了正演模拟的稳定性，并且控制了自适应过程中的网格数量，从而提高了正演模拟的效率。

总体来说，有限单元法是一种适用于模拟较为复杂模型的具有较高模拟精度的有效正演模拟方法，它同有限差分法一样，也适用于模拟较为简单的模型，但是由于自身的网格剖分性质，会在一定程度上牺牲一些模拟速度，但是随着非结构化网格和自适应方案以及并行计算的开发，有限单元法已经解决了一部分的正演模拟速度问题，使得有限单元法的精度优势相较于其他电磁场模拟方法更加明显。目前，人们已经开始尝试将有限单元法与其他方法相耦合，使用多种方法的混合方案，将有限单元法的精度优势与其他方法的速度优势相结合，以实现更加高效的正演模拟。

1.3 海洋可控源电磁法反演

在海洋可控源电磁法反演技术中，反演效率和反演结果分辨率的平衡的把握是不可避免要讨论的关键技术。在过去十几年里，海洋油气勘探领域中电磁法反演得到了飞速的发展，Constable(2010) 和 Key(2012) 发表过相应的综述性的文章。与传统的海洋地震勘探法相比，可控源电磁法对砂岩孔隙介质中的高阻油气藏探测有很高的灵敏度。在油藏勘探中，海洋电磁法具有低勘探成本、高灵敏度的特点，是海洋油气勘探的重要手段之一。

电磁法反演问题是找到一个电阻率模型用于描述地下介质的电性分布，同时这个模型能够很好地拟合接收器采集的电磁信号。然而，地球物理反演问题是一个不适定问题(McOwen, 1996)，为了解决反演中解的不存在、不唯一、不稳定的问题，科学家们从统计学领域引入了含有附加信息的正则化方法(Constable 等，1987；Newman 等，2000；Zhdanov 等，2007；Abubakar 等，2008；Newman 等，2010)。

一种经典的正则化方法实例可应用于 Occam 反演方法(Constable 等，1987)。反演结果首选更清晰的和更集中的电阻率模型，这种模型通过使用其他的范数替代 L2 范数约束模型目标函数(de Groot - Hedlin 和 Constable，2004；Hoversten 等，2006；Hansen 和 Mittet，2009)。但是反演出更精确的模型的同时却带来了运算量大、存储的物理内存需求高等挑战。

海洋电磁数据对高阻体的灵敏度高，比如嵌在低阻背景中的油藏层。尽管电磁法反演结果的电阻率图像的分辨率要远远小于地震图像的分辨率，但是区分电阻率差异大的目标体的能力使得电磁法成为海洋油气勘探的重要工具。因此如何提高海洋电磁法的反演效率、如何提高反演结果的分辨率，成为了该领域内有待解决的、具有很大挑战性的课题。

海洋可控源电磁法反演的目的在于找到一个能够符合实测数据的电阻率模型。电磁反演问题求解在许多文献中都有很好的描述，例如 Parker(1980；1994) 和 Zhdanov(2002)。电磁反演通常伴随着巨大的运算量，计算机的飞速发展使得反演的速度问题得到了有效的解决。通常，非线性牛顿类方法是常用的求解反演优化问题的方法，但是计算和存储灵敏度矩阵是不可避免的问题。因此，如何高效计算灵敏度矩阵甚至寻找求解灵敏度矩阵的新方法成为了研究热点。Farquharson 和 Oldenburg(1996) 对电磁反演中灵敏度矩阵做了近似估算，从而提高了反演速度。Newman 和 Alembaugh(1997) 采用了共轭梯度法(CG) 对三维电磁反演问题求解，通过共轭梯度每次迭代计算灵敏度矩阵与向量的乘积方式，避免了直接求解灵敏度矩阵，从而减少了计算时间并节省了内存。Haber 等(2000) 在三维频率域可控源电磁法反演中选取了非严格高斯 - 牛顿法(IGN)，并在构建反演函数时增加了光滑正则化约束项。Gribenko 和 Zhdanov(2007)进行了预条件非线性共轭梯度法在反演三维海洋电磁勘探合成数据解释中的应用研究。Commer 和 Newman(2008)同样用非线性共轭梯度算法实现了反演计算，并且利用模型参数转换方程提高了图像质量。

二维和三维频率域可控源电磁法的反演问题已有很多成功的案例。Abubakar 等(2008)提出了正则化高斯 - 牛顿最小化方法解决反演问题。这种算法提供两个正则化目标函数，使我们能够重建一个模糊边界或者清晰边界的电导率图像。这种算法在井间电磁法和可控源电磁法合成数据与实测数据中都得到了成功的应用。

Constable 等(1987)提出了 Occam 反演法，用于搜索最佳模型，这种方法被 Key(2009)引入到了一维海洋可控源电磁法反演中。通过搜索最平滑模型拟合海洋可控源电磁法数据，用正则化方法约束反演问题。为了提高单纯电磁数据反演结果的分辨率，借助于地震数据信息实现电磁法的约束性反演已经成为了一种实用的手段(Brown 等，2012；da Silva 等，2012)。

将先验信息的贝叶斯方法引入可控源电磁法反演中，也是一种提高反演结果解释精度的方法(Ray 和 Key，2012；Ray 等，2014)。贝叶斯反演方法需要做大量的计算。他们用马尔可夫 - 蒙特卡洛方法计算模型的参数以及模型特征参数的不确定度。

尽管用单一的可控源电磁法也可以做扫面勘探，但是很多文献更加专注于多种地球物理方法相结合的反演方式降低勘探风险。地震勘探方法具有很高的分辨率，对地下地质结构有很好的成像能力。结合电磁法和地震法的两种优势可以提高地球物理解释能力。基于地震和电磁模型具有相同的地质结构，联合反演是一种非常有用的方法。为了提高油气藏物理参数的估计准确度，另一篇早期的应用类文献直接采用了海洋地震和海洋可控源电磁法联合反演的方法(Hoversten 等，2006)。关于联合反演，Gallardo 和 Meju(2003)提出了一种简单有效的手段——交叉梯度法，用来建立两种或多种不同参数的关系。Hu 等(2009)用这种方法联合电导率和地震波速度两种参数，并在海洋可控源电磁法和海洋地震数据联合反演中做了测试。

联合反演虽然能够提高地震和电磁数据的解释精度，但是随之而来的是巨大的计算量。为了结合高分辨率的地震数据和高灵敏度的海洋电磁数据，Brown 等(2012)提出了一种有地震结构限制的可控源电磁反演算法。Brown 等利用地震全波形反演(FWI)的波速提高了电磁反演的垂向分辨率，通过使用特殊的正则化权重将地震结构约束代入到电磁反演中。然而，如果相邻的地层的电阻率差异不大，可控源电磁数据对于普通地层的灵敏度并不高。

Hale(2009a；2009b)提出了一种利用地震图像的结构张量计算张量场和相干

性的方法，利用结构张量的分布和相干性可以估计图像中任意点的像素值。这种图像引导的插值方法被 Ma 等(2012) 应用在地震全波形反演中并取得了很好的效果，即用地震图像的结构信息约束地震数据的反演。

从地震图像中提取的地质结构和地层信息一般用于地震解释，例如层位、断层和古河道（Wu 和 Hale，2016b)。地震层位可以根据反射层信息直接从地震图像中提取，这些反射层表现为地震图像中反应的主要线性(2D) 或平面(3D) 特征(Wu 和 Hale，2015)，地质断层和河道表现为地震图像中反射的横向不连续性反应(Gersztenkorn 和 Marfurt，1999；Chopra 和 Marfurt，2007)。在三维地震图像中，古河道在空间上也表现为在倾斜反射内对齐的线性特征(Wu，2017)。为了提取地质断层和河道，我们经常需要从地震图像中计算出一个额外的属性图像，使得断层和河道成为属性图像中最显著的特征(Wu 和 Hale，2016a；Wu，2017)。

类似的，Zhou 等(2014a；2014b) 采用了相似的原理提出了图像引导的高斯 - 牛顿法反演直流电法数据的电阻率参数。其原理是从高分辨率的地质雷达图像中提取结构信息，利用此结构信息反演直流电法数据。在(Zhou 等，2014a；2014b) 文献中，一个重要假设是结构信息已知。

Guo 等(2015；2016a) 从地震图像中提取出关键点的信息，并利用关键点生成基于相干度的结构化的稀疏反演网格，减少反演的参数，由此提高反演的速度。但是地震图像中除了点的信息，还有地震的层位信息以及地质结构信息。Guo 等(2016b；2017) 从地震图像中提取了结构张量，利用结构张量信息修正了模型正则化参数，使得反演的模型在光滑过程中允许地质结构两侧的参数不连续变化，由此提高反演精度。

与国际发展现状比较，我国海洋电磁勘探研究相对滞后，但是近些年发表了一些研究成果。海洋可控源电磁法正演方面，一些专家和学者做了大量的研究和试验。李予国等（2007）研究了海洋电磁法的自适应有限元数值模拟方法，并讨论了海底地形的影响；何展翔等（2009）以及付长民等（2009）分别研究了可控源电磁法三维数值模拟和数值处理的方法；殷长春等（2014）采用交错网格有限差分技术，实现了任意各向异性介质中的海洋可控源电磁法正演；杨军等（2015）实现了海洋可控源电磁三维非结构网格矢量有限元数值模拟，并考虑了海底地形的影响。在正演的基础之上，可控源电磁法的反演问题也有大量的学者在研究。刘颖等（2013）采用正则化高斯 - 牛顿法对海洋可控源电场分量和磁场分量进行反演；陈光源等（2016）编写了基于非线性共轭梯度算法的2.5维反演程序，并讨论了反演参数对运算速度和结果的影响；为了减小反演问题的计算量，彭荣华等（2016）使用预条件共轭梯度算法求解高斯 - 牛顿迭代方程，从而避免显式求解和存储灵敏度矩阵。为了提高反演效率，有限内存(BFGS) 法比非线性共轭梯度法更有优势，赵宁和王绪本等（2016）在文献中用合成数据证明了这一点。赵宁和王绪本等(2017)提出了基于 VTI 各向异性介质的频率域海洋可控源电磁法三维的约束反演。考虑到结合地震信息，徐凯军等（2016）提出了联合反演可控源电磁数据和地震数据，其直接考虑岩层孔隙度和含水饱和度参数，连接电阻率和声波波速等物理参数进行联合反演。

综上所述，结合海洋地震等其他地质地球物理信息的海洋可控源电磁法的反演已经成为一个重要的发展方向。虽然多地球物理信息的反演问题在目前研究得还不够深入，但从总的发展来看，世界范围内的相关理论和应用正在走向成熟。本项目在自适应有限单元法模拟技术的基础之上，结合海洋地震信息，发展海洋可控源电磁法的反演技术，紧紧围绕三个突破点：首先，提取地震图像的相关信息，并寻找地震图像与电阻率介质参数的关系；其次，根据提取到的地震结构信息，建立地震图像结构化的稀疏电磁反演初始网格；最后，根据提取的地震结构张量信息，修正正则化模型参数权重，使得可控源电磁数据的反演受到地质结构的约束。利用稀疏网格反演参数少的特点，提高反演效率；利用地震图像分辨率高的特点，通过地震结构信息约束电磁法反演，提高反演结果的分辨率。

1.4　本书工作简介

在本节中，我们将概述本书中每章的内容。本书共分 6 章。在下文中，将更详细地介绍各章节，每章都强调不同的主题。

第 1 章：回顾了海洋可控源电磁法的发展，包括海洋可控源电磁法数据采集系统，以及正演和反演问题。

第 2 章：介绍了海洋可控源电磁法原理。此外，我们给出了岩石物理理论。基于含水沉积物与含烃储层之间的电阻率差异，电阻率的这种差异使得电磁法成为探测电阻异常的有力工具。电场和磁场按照麦克斯韦方程的物理规律传播。海洋可控源电磁法的理论源自麦克斯韦方程组。通过 Key 和 Ovall(2011) 详述的自适应有限元方法解决了正演问题。反演问题是估计系统参数的数学问题。在本章中，我们简要概述了 Occam 反演(Constable 等，1987；Key，2009)。此外，我们提出了一种正则化算法，这种算法考虑了地质结构信息。

第 3 章：比较了两种海洋可控源电磁法数据采集系统(海底基站式和拖曳拖缆式)。为了研究频率，偏移距，水深，目标体尺寸和油藏埋藏深度对可控源电磁法数据的影响，我们通过研究合成数据来测试灵敏度和分辨率变化。

第 4 章：提出了一种不规则的带有地质结构信息的稀疏网格生成方法。该稀疏网格包含了从地震相干度图像中提取的顶点和地震图像中提取的地层信息。因此，稀疏网格被定义为基于地震相干度的不规则稀疏网格。源与接收器附近生成大量的、微小的、稠密的三角形网格，以及在有地质结构特征的区域，细化剖分的三角形网格，用足够多的参数来描述地质模型。平坦区域的三角形单元很大，用稀疏的单元数量提高计算速度。因此，对于可控源电磁法反演，这种模型具有比精细规则网格更少的反演参数。因此，这种基于地震相干度的不规则稀疏网格降低了计算成本并且节省了物理内存。

第 5 章：提出了一种正则化方法，使用地震图像的度量张量场定义的非欧几里得距离，利用地震图像信息约束可控源电磁法的反演。度量张量场可以由地震图像计算得到。通过这种约束，可以改善电磁数据反演分辨率低的问题。这种图像引导正则化方法在反演过程中，沿着地质结构特征平滑反演模型。我们在大地电磁和可控源电磁数据中测试了复杂模型的反演，其结果显示可以大幅度提高反演结果的分辨率。这种方法是对第 4 章中介绍的不规则稀疏网格的改进，以提高电磁反演的分辨率。

第 6 章：比较和评价了结构化网格和非结构化网格。在海洋可控源电磁法的反演过程中，反演的初始网格的选择将会对反演结果产生一定的影响。为了公平地比较结构化网格和非结构化网格，我们做了一系列的研究，结果表明结构化网格在海洋可控源电磁法勘探油气藏的工作中，能提供更好的帮助。

第 2 章　海洋可控源电磁法理论

本章介绍了海洋可控源电磁法原理。根据岩石物理性质的不同，可控源电磁法数据对含有盐水或含有油气资源的孔隙介质的电性差异具有高灵敏度。基于麦克斯韦方程组，我们推导出可控源电磁法的正演和反演问题。我们提出了基于 Occam 算法的图像引导的正则化反演方法。

2.1　海洋可控源电磁法

在油气勘探中，传统的海洋可控源电磁法也被称为海底基站式电磁法(sea bed logging, SBL)(Ellingsrud 等, 2002)。海底基站式电磁法在图 2.1 中有详细的描述，它可以用来探测和表征深水区的油气藏。在海洋可控源电磁法勘探中，勘探船拖曳着水平电偶极子靠近海底行进，发出低频(0.1 ~ 10 Hz)信号，由海底基站接收器记录(图 2.1)。海底接收器测量到的电磁响应包含了以下能量路径的组合，直接通过海水的直达信号，通过海水 - 空气界面的反射和折射的空气信号，沿海床的折射和反射海底信号，以及可能的高电阻率地下层的反射和折射的油藏信号(Løseth, 2007)。黑色箭头表示通过空气 - 水界面折射的空气信号传输路径。绿色箭头表示电磁信号通过水和沿海床折射的直达信号和海底信号的传输路径。红色箭头表示通过埋藏的高电阻率层引导的油藏信号传输路径。

2.2　岩石物理

地球上的物质的电阻率变化，有着数量级上的差异。这种差异的决定性因素有很多，例如岩石类型、孔隙度、孔隙连通性和岩石渗透率，孔隙流体传导率和固体基质的金属含量。含有油气的储层岩石的电阻率在很大程度上取决于其孔隙度和孔隙空间中流体的电阻率。图 2.2 给出了地球上一些常见岩矿石的电阻率。

在地球表面测量的电场数据，需要用岩石的电性特性做地球物理解释。含水沉积层通常只有几 Ω · m 的电阻率；油气储层拥有高得多的电阻率，通常可以达

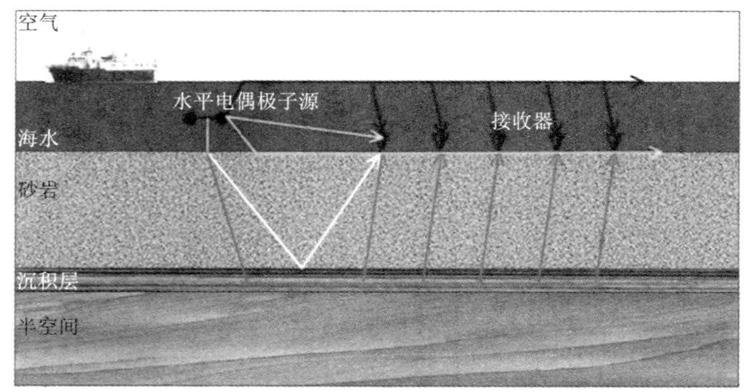

图 2.1　海洋可控源电磁法的信号传播路径示意图

到几十或几百 Ω · m。图 2.3 显示的是含水沉积物和油气藏的电阻率对比。海水的电阻率通常很低，约为 0.3 Ω · m。含水沉积物与油气藏之间的电阻率的巨大差异使得电磁法成为探测油气藏电阻率异常的有效的工具。

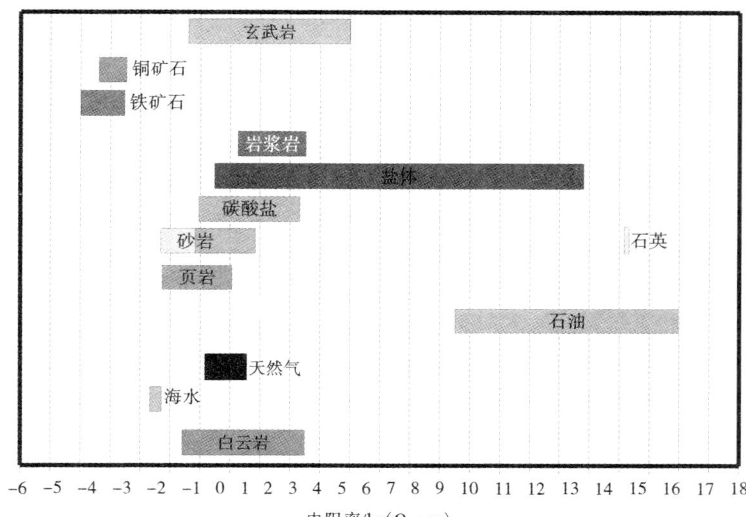

图 2.2　常见岩矿石的电阻率分布图(修自于 Ståle Johansen 的课件)

由于缺乏类似于地震勘探中的岩石物理关于孔隙微观结构信息，Shell 公司的 Archie(1942) 提出了一个经验公式。根据含水饱和度，地层电阻率和碳氢化合

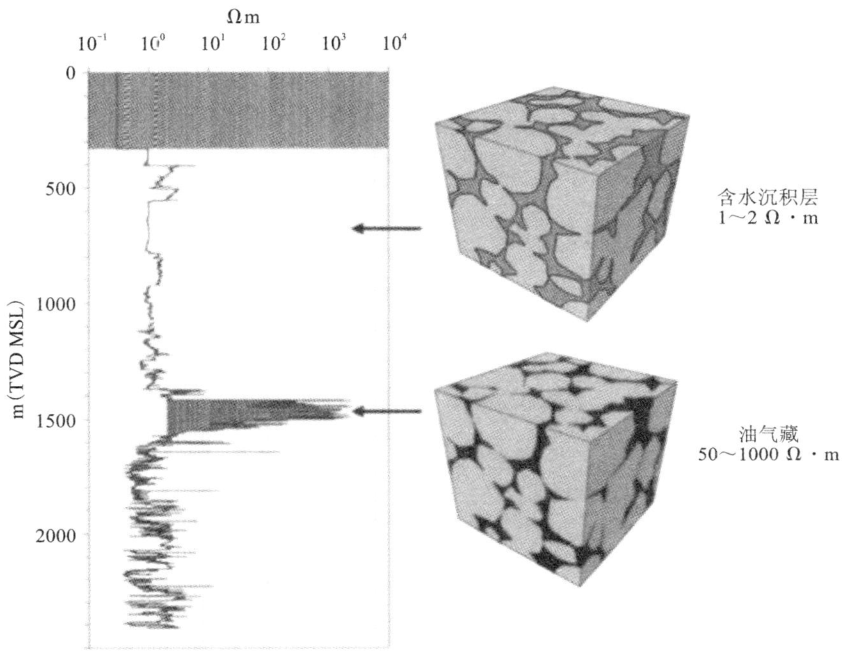

图 2.3　电阻率测井记录。含水沉积物和油气藏的电阻率差异(修自于 Ståle Johansen 的课件)

物饱和度，真实电阻率通过以下公式计算：

$$\rho_t = \frac{\rho_0}{(1 - S_{HC})^n} \tag{2.1}$$

其中：ρ_t 是真实的电阻率；ρ_0是含水饱和度为 0 的地层电阻率；S_{HC} 是碳氢化合物的饱和度。通宵，没有参数校准的时候，n 参数选择为 $n = 2$。油藏电阻率对于含油饱和度具有高度的敏感性。孔隙介质中的砂岩电阻率随着孔隙中气体饱和度的增加而增加。如昊同时考虑地震与电磁的勘探结果，可以更好地降低勘探风险。图 2.4 给出了电阻率和含气饱和度之间的关系。储层的电阻率主要受岩石孔隙度、含水饱和度、含气饱和度和岩石孔隙中的其他流体的电性约束(Jean - Louiset, 1996)。

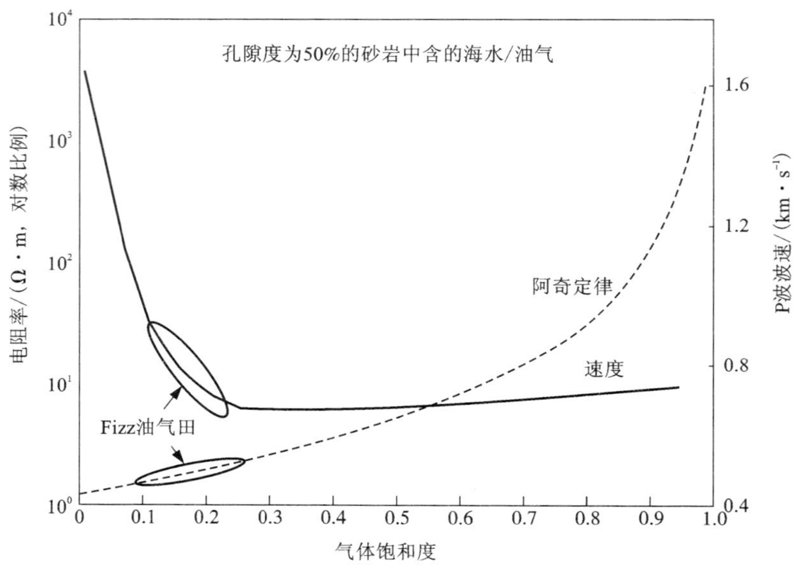

图 2.4　孔隙介质(50%)砂岩的地震 P 波速度和电阻率与孔隙流体中的气体饱和度的函数关系(Constable, 2010)

2.3　麦克斯韦方程组

复杂的电磁现象可以用一组方程式描述，这就是著名的麦克斯韦方程组。这一组方程描述了电场和磁场的传播规律，它们之间的相互作用，以及它们受到其他物体的影响。麦克斯韦方程组解释了四种电磁现象：电磁的高斯定律，磁场的高斯定律、法拉第定律和安培 - 麦克斯韦定律。麦克斯韦方程组的差分形式可以写成：

$$\nabla \cdot \boldsymbol{D} = q \tag{2.2}$$

$$\nabla \cdot \boldsymbol{B} = 0 \tag{2.3}$$

$$\nabla \times \boldsymbol{E} = -\partial_t \boldsymbol{B} \tag{2.4}$$

$$\nabla \times \boldsymbol{H} = \boldsymbol{J} \tag{2.5}$$

其中：$\boldsymbol{D}$ 是电位移矢量；$\boldsymbol{B}$ 是磁感应强度；$\boldsymbol{E}$ 是电场；$\boldsymbol{H}$ 是磁场；$\boldsymbol{J}$ 是电流密度；q 是电荷密度；t 是时间。

另有，线性方程如下：

$$\boldsymbol{D} = \varepsilon \boldsymbol{E} \tag{2.6}$$

$$\boldsymbol{B} = \mu \boldsymbol{H} \tag{2.7}$$

$$\boldsymbol{J} = \varepsilon\, \partial_t \boldsymbol{E} + \sigma \boldsymbol{E} + J \tag{2.8}$$

其中：ε 是介电常数，F/m；μ 是磁导率，H/m；σ 是电导率，S/m，另一种常见的表现形式是电阻率 ρ，$\Omega \cdot \mathrm{m}$，它与电导率互为倒数。在各向同性的介质中，ε 和 μ 是标量，然而，在各向异性的介质中，它们是二阶或三阶张量。

麦克斯韦方程组可以简化为法拉第定律和安培定律，简化形式如下：

$$\nabla \times \boldsymbol{E} = -\mu_0\, \partial_t \boldsymbol{H} \tag{2.9}$$

$$\nabla \times \boldsymbol{H} = \varepsilon_0 \partial_t \boldsymbol{E} + \sigma \boldsymbol{E} + \boldsymbol{J}^s \tag{2.10}$$

两个常数是自由空间的介电常数 ε_0 和磁导率 μ_0。它们的数值如下：

$$\varepsilon_0 = 8.854187817 \times 10^{12}\,\mathrm{F/m} \approx 8.85 \times 10^{12}\,\mathrm{F/m} \tag{2.11}$$

$$\mu_0 = 4\pi \times 10^{-7}\,\mathrm{H/m} \tag{2.12}$$

根据给定的介电常数和磁导率，我们可以计算光速 c 的值，约为：

$$c = \frac{1}{\sqrt{\mu_0\, \varepsilon_0}} = 2.998 \times 10^8\,\mathrm{m/s} \tag{2.13}$$

经过傅立叶变换，法拉第定律和安培定律的频率域表达式为：

$$\nabla \times \boldsymbol{E} = \mathrm{i}\omega\mu_0 \boldsymbol{H} \tag{2.14}$$

$$\nabla \times \boldsymbol{H} = -\mathrm{i}\omega\, \varepsilon_r\, \varepsilon_0 \boldsymbol{E} + \sigma \boldsymbol{E} + \boldsymbol{J}^s \tag{2.15}$$

其中：ω 是场的角频率；ε_r 是介质的相对介电常数。

与电导率 σ 相比，位移项 $\omega\, \varepsilon_r\, \varepsilon_0$ 在高频率的非导电介质中占有主导地位。在导电介质中，电导率项 σ 在低频率占有主导地位。当频率为 10 MHz ~ 1 GHz 时，该方程组适用于地质雷达（GPR）探测。

Zonge 和 Hughes（1991）描述了准静态极限中电磁波的传播问题。在可控源电磁法勘探中，假设沉积岩是没有磁性的介质，因此，$\boldsymbol{\mu}$ 等于真空磁导率 μ_0。海水的介电常数 $\varepsilon_{sea} = 80$ F/m；沉积层的介电常数 $\varepsilon_r < 80$F/m。当频率 $f = 1$ Hz 时，位移项 $\omega\, \varepsilon_r\, \varepsilon_0$ 的值为 4.4×10^{-9}S/m，远远小于海水的电导率 σ（3.2 S/m）。所以，麦克斯韦方程组可以忽略位移项，因而方程组简化为：

$$\nabla \times \boldsymbol{E} = \mathrm{i}\omega\mu_0 \boldsymbol{H} \tag{2.16}$$

$$\nabla \times \boldsymbol{H} = \sigma \boldsymbol{E} + \boldsymbol{J}^s \tag{2.17}$$

在导电介质中，低频率的麦克斯韦方程组描述的是一个扩散场。典型的扩散场具有非常强的吸收性和分散性，因此，在扩散场的信号传播期间电磁能量损失很大，并且不同频率的电磁波以不同的速度传播。

考虑到频率域中的一维解法，我们假设地球介质在 x 和 y 方向上保持不变。我们还假设 x 和 y 方向的电流源不变，没有垂直电流。这样假设的结果是电场和磁场在 x 和 y 方向上是不变的。

$$\begin{bmatrix} J_x^s + \sigma E_x \\ J_y^s + \sigma E_y \\ 0 + \sigma E_z \end{bmatrix} = \begin{bmatrix} \boldsymbol{e}_x & \boldsymbol{e}_y & \boldsymbol{e}_z \\ \partial_x & \partial_y & \partial_z \\ H_x & H_y & H_z \end{bmatrix} = \begin{bmatrix} \partial_y H_z - \partial_z H_y \\ \partial_z H_x - \partial_x H_z \\ \partial_x H_y - \partial_y H_x \end{bmatrix} = \begin{bmatrix} -\partial_z H_y \\ \partial_z H_x \\ 0 \end{bmatrix} \tag{2.18}$$

$$\begin{bmatrix} \mathrm{i}\omega\mu_0 H_x \\ \mathrm{i}\omega\mu_0 H_y \\ \mathrm{i}\omega\mu_0 H_z \end{bmatrix} = \begin{bmatrix} -\partial_z E_y \\ \partial_z E_x \\ 0 \end{bmatrix} \tag{2.19}$$

联合两个方程，可以得出：

$$\begin{cases} \partial_z H_y + \sigma E_x = -J_x^s \\ \partial_z E_x - \mathrm{i}\omega\mu_0 H_y = 0 \end{cases} \tag{2.20}$$

$$\begin{cases} \partial_z H_x + \sigma E_y = -J_y^s \\ \partial_z E_y + \mathrm{i}\omega\mu_0 H_x = 0 \end{cases} \tag{2.21}$$

并推导出电场方程表达式：

$$\partial_z^2 E_x + \mathrm{i}\omega\mu_0\sigma E_x = -\mathrm{i}\omega\mu_0 J_x^s \tag{2.22}$$

$$\partial_z^2 E_y + \mathrm{i}\omega\mu_0\sigma E_y = -\mathrm{i}\omega\mu_0 J_y^s \tag{2.23}$$

当我们专注于 x 方向的电场计算时，假设方程不含有任何电流源：

$$\partial_z^2 E_x + \mathrm{i}\omega\mu_0\sigma E_x = 0 \tag{2.24}$$

电磁波传播的常数或称为波数 k_ω 定义为：

$$k_\omega^2 = \mathrm{i}\omega\mu_0\sigma \tag{2.25}$$

那么公式（2.24）可以被改写成：

$$\partial_z^2 E_x + k_\omega^2 E_x = 0 \tag{2.26}$$

对于水平方向电场 E_x，沿着 z 方向的解的表达形式为：

$$E_x = A\,\mathrm{e}^{\mathrm{i}k_\omega z} + B\,\mathrm{e}^{-\mathrm{i}k_\omega z} \tag{2.27}$$

系数 A 和 B 取决于源和介质的反射 / 透射性质。波数的复数表达形式为：

$$k_\omega = \sqrt{\mathrm{i}\omega\mu_0\sigma} = (1+\mathrm{i})\sqrt{\frac{\omega\mu_0\sigma}{2}} \tag{2.28}$$

相位和衰减稀疏分别由 $\omega/c(\omega)$ 和 $1/\delta(\omega)$ 表示。

其中，趋肤深度 δ 定义为：

$$\delta(\omega) = \sqrt{\frac{2\rho}{\mu_0\omega}} \tag{2.29}$$

相速度 c 定义为：

$$c(\omega) = \sqrt{\frac{2\rho\omega}{\mu_0}} \tag{2.30}$$

因此，方程的解可以表达为：

$$E_x = A\,e^{ik_\omega z} = A\,e^{-\frac{z}{\delta(\omega)}}\,e^{i\frac{\omega}{c(\omega)}z} \tag{2.31}$$

电磁场的吸收特性是与频率相关的。相速度也与频率有关。角频率 ω 与信号频率 f 的线性关系是：

$$\omega = 2\pi f \tag{2.32}$$

且：

$$\delta(f) = \sqrt{\frac{\rho}{\mu_0 \pi f}} \approx 503\sqrt{\frac{\rho}{f}} \tag{2.33}$$

$$c(f) = \sqrt{\frac{4\pi f\rho}{\mu_0}} \approx 3160\sqrt{\rho f} \tag{2.34}$$

波长定义为：$\lambda = 2\pi\delta$　(2.35)

趋肤深度 δ 阐述了电磁信号衰减一个系数 $e^{-1} \cong 0.37$ 的能量所传播的距离。电磁信号传播 4.5 个趋肤深度的距离可以导致振幅衰减约 100 个衰减系数。相速度与电阻率和频率都成正比。

电磁信号传播的距离取决于两个因素：传播介质的电阻率和电磁信号的频率。随着电阻率的增加或频率的降低，电磁信号的穿透性就越强，传播的距离越远。表 2 – 1 和表 2 – 2 分别给出了电磁波在电阻率为 1 Ω · m 和 100 Ω · m 的介质中的传播规律，包括不同频率下的趋肤深度、相速度和波长。

表 2 – 1　电磁波在 1 Ω · m 的介质中的传播规律

频率 f/Hz	趋肤深度 /m	相速度 c/(m · s^{-1})	波长 /m
0.01	5030	316	31588
0.25	1006	1580	6318
1.0	503	3160	3158.8
4.o	251.5	6320	1579.4

表 2 – 2　电磁波在 100 Ω · m 的介质中的传播规律

频率 f/Hz	趋肤深度 /m	相速度 c/(m · s^{-1})	波长 /m
0.01	50300	3160	315884
0.25	10060	15800	63180
1.0	5030	31600	31588
4.0	2515	63200	15794

2.4 可控源电磁法正演

正演问题是地球物理反问题的重要基础。在本书中，我们考虑用二次场的方法模拟电阻率模型中的电场和磁场的分布情况。

假设一个各向同性的二度体电阻率模型(y, z)，沿着x方向保持一致性，没有变化，电流源J_s与其保持一致。假定时谐因子为$e^{-i\omega t}$，则频率域电场E和磁场H在准静态条件下的控制方程已经由公式(2.16)和公式(2.17)给出。电磁场的总场包括了一次场(E^p和H^p)和二次场(E^s和H^s)两部分。电磁场可以表示为在电导率为$\sigma_p(z)$的层状结构中水平电偶极子产生的一次场(E^p, H^p)与异常电导率$\sigma_s = \sigma - \sigma_p(z)$产生的二次场($E^s$, H^s)之和。则二次场满足以下方程:

$$\nabla\times \boldsymbol{E}^s = i\omega\mu_0 \boldsymbol{H}^s \tag{2.36}$$

$$\nabla\times \boldsymbol{H}^s = \sigma \boldsymbol{E}^s + \sigma_s \boldsymbol{E}^p \tag{2.37}$$

将公式(2.36)和公式(2.37)展开，可得

$$\nabla\times \boldsymbol{E}^s = \begin{bmatrix} \boldsymbol{i} & \boldsymbol{j} & \boldsymbol{k} \\ \dfrac{\partial}{\partial x} & \dfrac{\partial}{\partial y} & \dfrac{\partial}{\partial z} \\ E_x^s & E_y^s & E_z^s \end{bmatrix} = i\omega\mu_0 [H_x^s \quad H_y^s \quad H_z^s]\begin{bmatrix} \boldsymbol{i} \\ \boldsymbol{j} \\ \boldsymbol{k} \end{bmatrix} \tag{2.38}$$

$$\nabla\times \boldsymbol{H}^s = \begin{bmatrix} \boldsymbol{i} & \boldsymbol{j} & \boldsymbol{k} \\ \dfrac{\partial}{\partial x} & \dfrac{\partial}{\partial y} & \dfrac{\partial}{\partial z} \\ H_x^s & H_y^s & H_z^s \end{bmatrix} = \sigma [E_x^s \quad E_y^s \quad E_z^s]\begin{bmatrix} \boldsymbol{i} \\ \boldsymbol{j} \\ \boldsymbol{k} \end{bmatrix} + \sigma_s [E_x^p \quad E_y^p \quad E_z^p]\begin{bmatrix} \boldsymbol{i} \\ \boldsymbol{j} \\ \boldsymbol{k} \end{bmatrix} \tag{2.39}$$

经整理，得到以下几个方程:

$$\begin{aligned} &\frac{\partial E_z^s}{\partial y} - \frac{\partial E_y^s}{\partial z} = i\omega\mu_0 H_x^s \\ &\frac{\partial E_x^s}{\partial z} - \frac{\partial E_z^s}{\partial x} = i\omega\mu_0 H_y^s \\ &\frac{\partial E_y^s}{\partial x} - \frac{\partial E_x^s}{\partial y} = i\omega\mu_0 H_z^s \\ &\frac{\partial H_z^s}{\partial y} - \frac{\partial H_y^s}{\partial z} - \sigma E_x^s = \sigma^s E_x^p \\ &\frac{\partial H_x^s}{\partial z} - \frac{\partial H_z^s}{\partial x} - \sigma E_x^s = \sigma^s E_x^p \\ &\frac{\partial H_y^s}{\partial x} - \frac{\partial H_x^s}{\partial y} - \sigma E_x^s = \sigma^s E_x^p \end{aligned} \tag{2.40}$$

当海底地质结构走向为 x 方向时，可将上述三维问题转化为二维问题，需沿 x 方向进行傅立叶变换。形如：

$$\hat{F}(k_x, y, z) = \int_{-\infty}^{+\infty} F(x, y, z)\mathrm{e}^{-\mathrm{i}k_x x}\mathrm{d}x \tag{2.41}$$

这里，k_x 是沿着 x 走向的波数。$\hat{F}$表示在波数域(k_x, y, z)中的数量。将上述方程逐一进行傅立叶变换得：

$$\frac{\partial \hat{E}_z^s}{\partial y} - \frac{\partial \hat{E}_y^s}{\partial z} = \mathrm{i}\omega\mu_0 \hat{H}_x^s \tag{2.42}$$

$$\frac{\partial \hat{E}_x^s}{\partial z} - \mathrm{i}k_x \hat{E}_z^s = \mathrm{i}\omega\mu_0 \hat{H}_y^s \tag{2.43}$$

$$\mathrm{i}k_x \hat{E}_y^s - \frac{\partial \hat{E}_x^s}{\partial y} = \mathrm{i}\omega\mu_0 \hat{H}_z^s \tag{2.44}$$

$$\frac{\partial \hat{H}_z^s}{\partial y} - \frac{\partial \hat{H}_y^s}{\partial z} - \sigma \hat{E}_x^s = \sigma^s \hat{E}_x^p \tag{2.45}$$

$$\frac{\partial \hat{H}_x^s}{\partial z} - \mathrm{i}k_x \hat{H}_z^s - \sigma \hat{E}_x^s = \sigma^s \hat{E}_x^p \tag{2.46}$$

$$\mathrm{i}k_x \hat{H}_y^s - \frac{\partial \hat{H}_x^s}{\partial y} - \sigma \hat{E}_x^s = \sigma^s \hat{E}_x^p \tag{2.47}$$

以公式(2.43)为例，作傅立叶变换的推导：

$$\int_{-\infty}^{+\infty}\left(\frac{\partial E_x^s}{\partial z} - \frac{\partial E_z^s}{\partial x}\right)\mathrm{e}^{-\mathrm{i}k_x x}\mathrm{d}x = \int_{-\infty}^{+\infty}(\mathrm{i}\omega\mu_0 H_y^s)\mathrm{e}^{-\mathrm{i}k_x x}\mathrm{d}x \tag{2.48}$$

公式(2.48)的左边：

$$\begin{aligned}
\int_{-\infty}^{+\infty}\left(\frac{\partial E_x^s}{\partial z} - \frac{\partial E_z^s}{\partial x}\right)\mathrm{e}^{-\mathrm{i}k_x x}\mathrm{d}x &= \frac{\partial \hat{E}_x^s}{\partial z} - \int_{-\infty}^{+\infty}\frac{\partial E_z^s}{\partial x}\mathrm{e}^{-\mathrm{i}k_x x}\mathrm{d}x \\
&= \frac{\partial \hat{E}_x^s}{\partial z} - \int_{-\infty}^{+\infty}\mathrm{e}^{-\mathrm{i}k_x x} dE_z^s \\
&= \frac{\partial \hat{E}_x^s}{\partial z} - E_z^s \mathrm{e}^{-\mathrm{i}k_x x}\Big|_{-\infty}^{+\infty} + \int_{-\infty}^{+\infty} E_z^s \mathrm{d}\mathrm{e}^{-\mathrm{i}k_x x} \\
&= \frac{\partial \hat{E}_x^s}{\partial z} - E_z^s \mathrm{e}^{-\mathrm{i}k_x x}\Big|_{-\infty}^{+\infty} - \int_{-\infty}^{+\infty} \mathrm{i}k_x E_z^s \mathrm{e}^{-\mathrm{i}k_x x}\mathrm{d}x \\
&= \frac{\partial \hat{E}_x^s}{\partial z} - \mathrm{i}k_x \int_{-\infty}^{+\infty} E_z^s \mathrm{e}^{-\mathrm{i}k_x x}\mathrm{d}x \\
&= \frac{\partial \hat{E}_x^s}{\partial z} - \mathrm{i}k_x \hat{E}_z^s
\end{aligned}$$

公式(2.48)的右边:

$$\int_{-\infty}^{+\infty}(\mathrm{i}\omega\mu_0 H_y^s)\mathrm{e}^{-\mathrm{i}k_x x}\mathrm{d}x = \mathrm{i}\omega\mu_0\hat{H}_y^s$$

如果知道了沿走向平行的变化的分量 $\hat{E}_x^s$ 和 $\hat{H}_x^s$，那么其余的分量 $\hat{E}_y^s$、$\hat{E}_z^s$、$\hat{H}_y^s$ 和 $\hat{H}_z^s$ 可以从 $\hat{E}_x^s$ 和 $\hat{H}_x^s$ 及一次场的空间衍生物中推导出来。

将公式(2.43)和公式(2.44)代入公式(2.46)和公式(2.47)，经整理，再代入公式(2.45)，可以得到 $\hat{E}_x^s$ 和 $\hat{H}_x^s$ 满足的一个偏微分方程:

$$\begin{aligned}&\nabla\cdot\left(\frac{\sigma}{\gamma^2}\nabla\hat{E}_x^s\right)-\sigma\hat{E}_x^s-\frac{\partial}{\partial y}\left(\frac{\mathrm{i}k_x}{\gamma^2}\frac{\partial\hat{H}_x^s}{\partial z}\right)+\frac{\partial}{\partial z}\left(\frac{\mathrm{i}k_x}{\gamma^2}\frac{\partial\hat{H}_x^s}{\partial y}\right)\\&=-\frac{\partial}{\partial y}\left(\frac{\mathrm{i}k_x\sigma_s}{\gamma^2}\hat{E}_y^p\right)-\frac{\partial}{\partial z}\left(\frac{\mathrm{i}k_x\sigma_s}{\gamma^2}\hat{E}_z^p\right)+\sigma_s\hat{E}_x^p\end{aligned}\tag{2.49}$$

将公式(2.46)和公式(2.47)代入公式(2.43)和公式(2.44)，经整理，再代入公式(2.42)，可以得到 $\hat{E}_x^s$ 和 $\hat{H}_x^s$ 满足的另一个偏微分方程:

$$\begin{aligned}&\nabla\cdot\left(\frac{\mathrm{i}\omega\mu_0}{\gamma^2}\nabla\hat{H}_x^s\right)-\mathrm{i}\omega\mu_0\hat{H}_x^s-\frac{\partial}{\partial y}\left(\frac{\mathrm{i}k_x}{\gamma^2}\frac{\partial\hat{E}_x^s}{\partial z}\right)+\frac{\partial}{\partial z}\left(\frac{\mathrm{i}k_x}{\gamma^2}\frac{\partial\hat{E}_x^s}{\partial y}\right)\\&=-\frac{\partial}{\partial y}\left(\frac{\mathrm{i}\omega\mu_0\sigma_s}{\gamma^2}\hat{E}_z^p\right)+\frac{\partial}{\partial z}\left(\frac{\mathrm{i}\omega\mu_0\sigma_s}{\gamma^2}\hat{E}_y^p\right)\end{aligned}\tag{2.50}$$

其中，$\gamma^2 = k_x^2 - \mathrm{i}\omega\mu_0\sigma$。从偏微分公式(2.49)和公式(2.50)的等号左边最后两项可以看出，两方程是耦合的。因此，这些方程必须同时解出 $\hat{E}_x^s$ 和 $\hat{H}_x^s$。

2.5 可控源电磁法反演

在地球物理勘探中，反演问题意味着从实测数据中推断出地球物理模型。地球物理反演主要存在三个关键词：模型参数、实测数据以及地球物理系统模型。通过参数估计根据物理理论计算得到预测数据，这一过程称为正演过程。相反，通过实测数据根据数学模型来预测参数被称为反演问题。图 2.5 说明了正演和反演问题之间的关系。

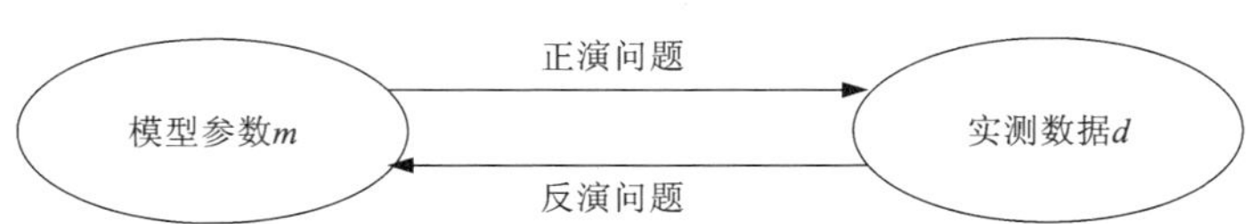

图 2.5 正演与反演问题关系

解决“正演问题”意味着预测对应给定模型的观测数据无偏差，则表示该理论预测值：

$$d = F(m) \tag{2.51}$$

其中 $d = F(m)$ 是方程组 $d_i = F_i(m_1, m_2, \cdots)$（$i = 1, 2, \cdots$）的简写形式。$F$ 标识的是正演符号。

“反演问题”是预测最佳模型来拟合观测数据 d。基于吉洪诺夫正则化方法，Occam 反演方法的目标函数可以写成以下形式：

$$\varphi = (\varphi_d - \varphi_d^*) + \lambda \varphi_m \tag{2.52}$$

其中φ_d是数据拟合差。反演的终极目的是找出最优化的模型，使得目标函数 φ 最小化。这个最优化的模型不一定是最平滑的，它可以是一个特殊的模型使得数据拟合差最接近数据目标拟合差φ_d^*。φ_m是模型拟合差，它表示的是预测模型 m 与先验模型 m_0 的差别最小。系数 λ 被称为拉格朗日算子，用于平衡数据目标函数和模型目标函数。

数据拟合差的表达式为：

$$\varphi_d = \| \boldsymbol{W_d} [d - F(m)] \|^2 \tag{2.53}$$

数据权重矩阵$\boldsymbol{W_d}$ 是一个对角矩阵（Grayver 2013）：

$$\boldsymbol{W_d} = \mathrm{diag}(1/s_i) \tag{2.54}$$

其中s_i 是第 i^{th} 个数据的标准差。换句话说，$\boldsymbol{W_d}$ 权重是考虑了每个数据的不确定性。

近似的不确定性模型的表达式如下（Maaø 和 Nguyen，2010；Mittet 和 Morten，2012）：

$$\delta d = \sqrt{(\alpha d_i)^2 + N^2} \tag{2.55}$$

其中：系数 α 是第 i^{th}个数据的相对误差；N 是实测数据的噪声水平。因此，误差较大的数据对结果的影响被限制。而误差小的数据将会对结果产生更大的影响。

正则化项定义为：

$$\varphi_m = \| \boldsymbol{Rm} \|^2 + \| \boldsymbol{P}(\boldsymbol{m} - \boldsymbol{m_{ref}}) \|^2 \tag{2.56}$$

其中，第一项是模型的粗糙度范数，通过系数矩阵 $\boldsymbol{R}$ 来计算每个单元格的模型向量 $\boldsymbol{m}$。$\boldsymbol{P}$ 是权重对角矩阵。这里的模型参数 $\boldsymbol{m}$ 采用的是电导率的对数 $\lg\sigma$ 向量。$\boldsymbol{m}_{\mathbf{ref}}$是先验模型。$\boldsymbol{R}$ 是被选择的模型单元参数与相邻单元参数差异的矩阵，其计算公式如下：

$$\| \boldsymbol{Rm} \|^2 = \sum_{i=1}^{np} \sum_{j=1}^{nb} \frac{A_j}{A_{\mathrm{sum}}} \left(\frac{\Delta m_{ij}}{\Delta r_{ij}} \right)^2 \tag{2.57}$$

其中：np 是参与自由反演的参数数量；nb 是相邻单元格数量；A_j是第 j 个相邻单

元格的面积；A_{sum}是相邻单元格面积的总和。Δr_{ij}是两个相邻单元格中心点的几何距离。

然而在很多例子中，反演的模型平滑过程并没有考虑地质结构，因此，在与相邻的单元格平滑时，反演并没有地质结构的方向性。因此引入几何中的非欧几里得距离公式。

两个相邻单元格的非欧几里得距离 $\Delta \hat{r}_{ij}$ 被定义为：

$$\nabla d_s(x) \cdot D(x) \nabla d_s(x) = r_{ij}^2 \tag{2.58}$$

其中：$d_s(x)$ 是相邻单元格中心点之间的最小非欧几里得距离；$D(x)$ 是地震图像的度量张量场（Hale，2009a；2009b）；r_{ij}是相邻单元格之间的中心点几何距离。

如果我们用非欧几里得距离 $\Delta \hat{r}_{ij}$ 代替公式(2.57) 中的几何距离 Δr_{ij}。那么，惩罚矩阵如下：

$$\|\boldsymbol{Rm}\|^2 = \sum_{i=1}^{np}\sum_{j=1}^{nb}\frac{A_j}{A_{sum}}\left(\frac{\Delta m_{ij}}{\Delta \hat{r}_{ij}}\right)^2 \tag{2.59}$$

其中，$\Delta \hat{r}_{ij}$是相邻单元格之间的非欧几里得距离。

非欧几里得距离的优点在于它与张量场有关，而张量场包含了地质体的地质走向。

在 Occam 反演中，拉格朗日因子 λ 用来平衡数据拟合差与模型拟合项的重要参数，通过对 λ 的选取，寻找最适合数据的模型。

当模型迭代时，用线性化非线性方程 $\boldsymbol{F}(\boldsymbol{m})$ 的倒数，并根据一致的初始模型 $\boldsymbol{m}_k$，可以计算得到迭代的模型参数结果：

$$\boldsymbol{m}_{k+1} = [\lambda(\partial^T\partial + \boldsymbol{PP}) + (\boldsymbol{W}\boldsymbol{J}_k)^T\boldsymbol{W}\boldsymbol{J}_k]^{-1}[(\boldsymbol{W}\boldsymbol{J}_k)^T\boldsymbol{W}\hat{\boldsymbol{d}} + \boldsymbol{\lambda P}\,\boldsymbol{m}_{ref}] \tag{2.60}$$

$$其中\ \hat{\boldsymbol{d}} = \boldsymbol{d} - \boldsymbol{F}(\boldsymbol{m}_k) + \boldsymbol{J}_k\,\boldsymbol{m}_k \tag{2.61}$$

$\boldsymbol{J}_k$是雅可比矩阵，或者是线性化模型的响应梯度。$\boldsymbol{W}$ 是模型的权重矩阵。其中 ∂ 是 $np \times np$ 阶的差分导数矩阵：

$$\partial = \begin{bmatrix} -1 & 1 & 0 & 0 & \cdots \\ 0 & -1 & 1 & 0 & \cdots \\ \cdots & \cdots & \ddots & \ddots & \cdots \end{bmatrix}$$

$$\boldsymbol{J}_k = \nabla_m \boldsymbol{F}(\boldsymbol{m}_k) \tag{2.62}$$

其中雅可比矩阵 $\boldsymbol{J}_k$ 的矩阵元素是：

$$\boldsymbol{J}_{ij} = \frac{\partial \boldsymbol{F}_i(\boldsymbol{m}_k)}{\partial \log_{10}\sigma_j} \tag{2.63}$$

其中 $i = 1, 2, \cdots, n$；$j = 1, 2, \cdots, m$，而 n 是数据的数量，m 是模型参数的数量。$\boldsymbol{J}$ 是灵敏度矩阵，包含了每个参数中每个场分量相对于 $\lg\sigma$ 的导数。这一算法在一维可控源电磁法中的应用，最早可见于 Key(2009) 的文献。

在反演过程中，我们定义均方根误差(root mean squared, RMS) 来评价反演的效果。

$$\mathrm{RMS} = \sqrt{\frac{1}{n}\sum_{i=1}^{n}\left\{\frac{d_i - F_i[m(\lambda)]}{\delta E_{xi}}\right\}^2} \tag{2.64}$$

如果能充分的估计数据的不确定度 (δE_{xi})，那么最好的模型会是 RMS 的结果为 1.0。

第3章　海洋可控源数据采集系统

在第2章中，我们介绍了海洋可控源电磁法的勘查原理。在本章中，我们介绍海洋可控源电磁法数据采集系统。目前，主流的采集系统有海底基站式和拖曳拖缆式两种。为了评价两种系统的最适宜的勘探环境，我们研究了不同环境中灵敏度和反演结果，其中反演的合成数据由海底基站式和拖曳拖缆式两种系统计算得出。本章的研究成果已经发表于*Acta Oceanologica Sinica*和*Energies*，详见于参考文献(Guo等，2016a；Guo等，2018)。

3.1　前言

海洋可控源电磁法是利用含有油气藏的岩石的高电阻率与沉积层的低电阻率的差异探测石油和天然气的。电磁场通过海水层传播到地下，并且在接收器处接收并记录测量数据，可用于判断不同位置和深度的电阻率分布情况(Eidesmo等，2002；Ellingsrud等，2002)。由于浅水域内的空气波干扰问题，这种方法一度被认为只适合深水勘探。

很早以前，有人就提出了压制空气波干扰的方法，并将海洋电磁法的研究区域由深海转向浅海(Amundsen等，2005；Maaø等，2010；Chen和Alumbaugh，2011)。因为空气波的信号被很好地处理，这些方法都能提供比较好的地下电阻率分布图像。通常，绘制电场幅度与源-接收器偏移距的关系图分析海洋可控源电磁法数据。振幅的归一化处理，是一种常见的数据处理手段。归一化振幅定义为在油气藏勘探区域上测量的电场振幅除以背景区域上测量的相应振幅值。

在油气勘探中，海洋可控源电磁法通常选用海底基站式的数据采集方式(Ellingsrud等，2002)。海底基站式的数据采集系统通常使用移动的水平电偶极子源作为信号源，能够测量电场和磁场的水平分量的接收器阵列[图3.1(a)]。水平电源发射低频电磁信号，向外扩散，向上到达水面，向下扩散到海床中。电源在海底上约30 m的高度上拖曳。接收器臂长10 m，接收器之间的距离通常为1～3 km。MacGregor和Tomlinson (2014)在其文献中讨论了接收器间距的选取问题。

自2010年以来，PGS公司在北海开发并测试了拖曳拖缆式的数据采集系统

(Linfoot 等，2011a；Zhdanov 等，2012)。虽然海洋可控源电磁法在油气勘探方面已经有许多成功的研究案例，但目前尚未被业界完全接受。拖曳拖缆式数据北海 Troll 油田的测试成功，表征了地下电阻率分布(Linfoot 等，2011b)。这种数据采集系统看起来与海洋地震勘探的模式非常类似[图 3.1(b)]，接收器发射源拖缆位于水面以下 100 m 深处，在海面下 10 m 深的位置发射 1500 A 电流的 800 m 长的水平偶极子源，平均接收器的距离为 160 m，偏移距的范围为 500 ~ 7595 m(Key 等，2014)。拖曳的接收器的双极长度为 200 ~ 1100 m，从而进行灵敏度测试。

Mittet (2008) 提出了一种使用标准化振幅比方法分析水深对电磁法的影响。标准化振幅比使用电磁场的振幅和绝对相位来计算，使得该方法适用于浅水环境。Mittet 给出了三种不同的水深模型来分析水深的影响。

Mittet 和 Morten(2012) 定义一种对海洋油气藏的目标敏感性的测量方法。灵敏度的计算不仅考虑了归一化幅度，而且还考虑了相位和数据的不确定性。Mittet 和 Morten(2013) 成功地探测到浅水域中的油气储层。同时，他们分析了水深对目标模型的灵敏度变化的影响。

Shantsev 等(2012) 比较了海洋可控源电磁法的两种数据采集方法：一种是近海底拖曳水平电偶极子发射器；另一种是在海面下拖曳水平电偶极子发射器，这两种采集方式的接收器都位于海底。他们分析了不同水深的频率、目标深度下灵敏度的变化。由于海水中电磁信号的衰减，深度拖曳和表面拖曳源的灵敏度会有所不同。总之，深拖曳的优点是电磁能量比表面拖曳方法的能量衰减小，并且在深水勘探中有很大的优势。但是在浅水环境中，在海水深度小于 250 m 的情况下，表面拖曳具有速度快、不确定度小的优势。

本章的主要内容，我们比较了海底基站式和拖曳拖缆式两种数据采集系统。为了研究频率、偏移距、水深和油藏埋深对海洋可控源电磁勘探能力的影响，我们建立了一维的灵敏度模型、二维电阻率模型，模拟了电磁场数据，并做了 Occam 反演测试。Occam 反演的结果定量和定性地解释了海底基站式和拖曳拖缆式两种数据采集系统在不同水深中的勘探能力。然后，我们构建了两个油藏的二维电阻率模型，用于测试可控源电磁法数据反演的水平分辨率。最后，通过使用电阻率异常比分析 Occam 的反演结果评价两种数据采集系统的可探测能力。此外，我们定义了油藏灵敏度指数(reservoir sensitivity index，RSI)，用于评估海洋电磁数据对油藏的灵敏度。

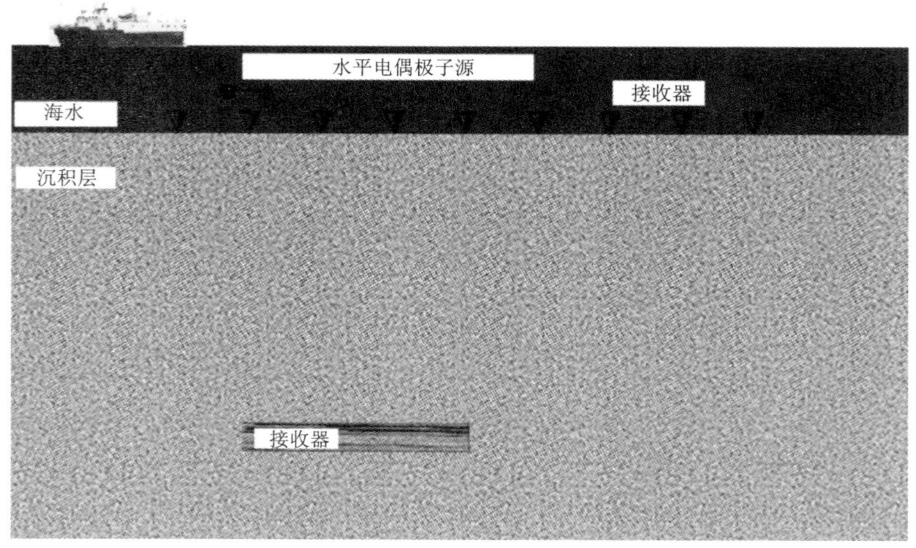

(a)

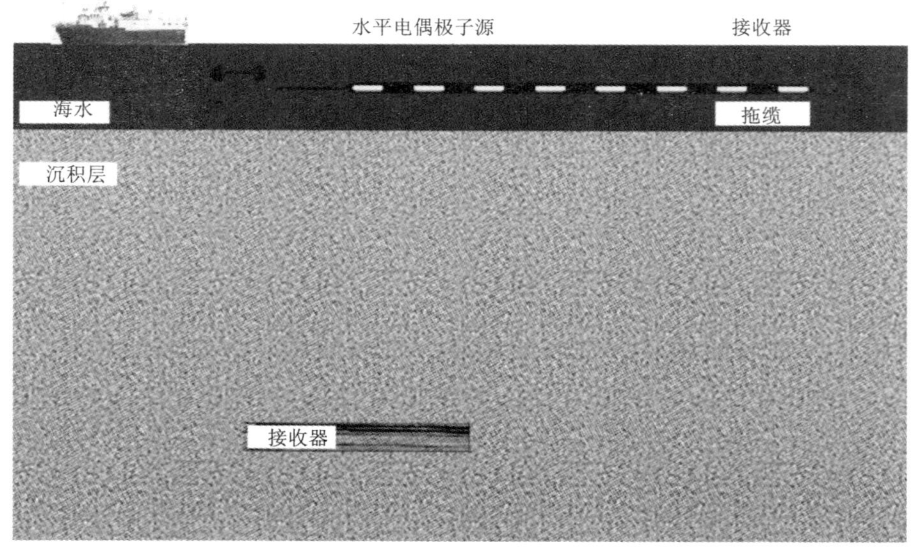

(b)

图 3.1　海底基站式(a) 和拖曳拖缆式(b) 数据采集系统的经典模型

3.2 理论方法

3.2.1 灵敏度

为了分析水深的影响，我们借用了 Mittet 和 Morten(2013) 给出的灵敏度模型。

$$\left|\frac{\Delta E_x(r_r \mid r_s, \omega)}{\delta E_x(r_r \mid r_s, \omega)}\right| \tag{3.1}$$

其中：ΔE_x 是散射场，即目标体的电磁响应与背景场的电磁响应差值；δE_x是测量的不确定度；r_r和 r_s分别代表了接收器和源的位置；角频率 $\omega = 2\pi f$。

测量不确定度的问题在文献(Mittet 和 Morten，2012) 和文献 (Maaø 和 Nguyen，2010) 给出了与偏移距相关的近似关系。

$$\delta E_x = \sqrt{(\alpha Ex_i^{tar})^2 + N^2} \tag{3.2}$$

影响因子 α 与电场幅度相关，在本书我们假定了 $\alpha \approx 3\%$ 的常数。Ex_i^{tar}是目标体的第 i^{th} 个位置的电场响应。白噪声 N 添加到数据中，模拟真实的情况，包括振幅和相位。白噪声是随机分布的，与频率和偏移距相关。

海底基站式采集系统的噪声水平 N 与水深相关，Mittet 和 Morten (2013) 给出了一些经过测试后的常见水深的噪声水平。Mattson 等 (2012) 介绍了拖曳拖缆式数据采集系统的降噪技术，以及一些水深的常见的噪声水平 N。

3.2.2 油藏灵敏度指数(RSI)

灵敏度的近似表达式由 Mittet 和 Morten(2012) 在文献中给出，用于解释随水深变化的电磁散射场。因为可控源电磁法的灵敏度与频率、偏移距、电阻率模型、背景模型以及噪声水平相关，因此评估水深对于可控源电磁法数据的影响过于复杂。为了改进评价标准，我们提出了油藏灵敏度指数 RSI，其定义为：

$$\mathrm{RSI} = \sqrt{\frac{1}{n}\sum_{i=1}^{n}\left(\frac{\mid Ex_i^{tar} - Ex_i^{ref}\mid}{\delta E_{xi}}\right)^2} \tag{3.3}$$

其中：E_x^{tar}是含有油藏目标体的电场响应；E_x^{ref} 是不含油藏目标体的背景电场响应；δE_{xi} 是第 i^{th} 个数据的不确定度；n 是数据的数量。由公式(3.3)，我们可以得出 RSI 计算的是数据的标准差。相比于公式(3.1) 的灵敏度，RSI 也可用于二维的模型实例。

3.2.3 Occam 反演

为了对比海底基站式和拖曳拖缆式数据采集系统，我们采用了 MARE2DEM

代码做 Occam 反演计算（Key，2012b，可从 http://mare2dem.ucsd.edu/ 获得）（Constable 等，1987）。Key（2009）最早将 Occam 反演算法引入了海洋可控源电磁法反演用来搜索平滑模型来拟合电磁数据。Occam 反演算法已在 2.5 节中介绍。这里我们做一个简要回顾。目标函数：

$$\varphi = (\varphi_d - \varphi_d^*) + \lambda \varphi_m \tag{3.4}$$

数据拟合差 φ_d 和模型拟合差 φ_m，以及拉格朗日算子 λ 在公式（2.53）和公式（2.56）中由详细介绍。

均方根（RMS）误差公式（2.64）：

$$RMS = \sqrt{\frac{1}{n}\sum_{i=1}^{n}\left\{\frac{d_i - F_i[m(\lambda)]}{\delta E_{xi}}\right\}^2} \tag{3.5}$$

其中：n 是数据的数量；δE_{xi} 是第 i^{th} 个数据的不确定度。

3.2.4　横向电阻比率（Transverse Resistance Ratio）

横向电阻是在调整层状模型的厚度和电阻率的情况下能保持不变的参数。Baltar 和 Roth（2013）定义了储层的横向电阻异常（anomalous transverse resistance，ATR）取决于横向电阻的值高于不含油气藏的背景值：

$$ATR = \int \Delta R(z)\,\mathrm{d}z \tag{3.6}$$

其中：ΔR 是电阻率异常；ATR 是异常在区域内累加的电阻率对比度。从给定的二维反演模型中，提取一维电阻率的轨迹，横向电阻的等效表达式为（Baltar 和 Roth，2013）：

$$\int_A \Delta R_{\mathrm{CSEM}}(z)\,\mathrm{d}z = \int \Delta R(z)\,\mathrm{d}z \tag{3.7}$$

其中，A 是可控源电磁模型的异常区。

将公式（3.7）离散化可以简化为：

$$\mathrm{ATR}_{\mathrm{inv}} = \sum (\Delta R_{\mathrm{CSEM}} \cdot \Delta z) = \int \Delta R_{\mathrm{CSEM}}(z)\,\mathrm{d}z \tag{3.8}$$

其中，$\mathrm{ATR}_{\mathrm{inv}}$ 是反演结果的横向电阻异常；Δz 是油藏的厚度的微分。由此，我们定义横向电阻异常率为：

$$\mathrm{ATR}_{\mathrm{ratio}} = \frac{\mathrm{ATR}_{\mathrm{inv}}}{\mathrm{ATR}_{\mathrm{true}}} = \frac{\sum (\Delta R_{\mathrm{CSEM}} \cdot \Delta z)}{\Delta R_{\log} \cdot \Delta z_{\log}} \tag{3.9}$$

其中，$\mathrm{ATR}_{\mathrm{true}}$ 真实模型的横向电阻异常，$\Delta R_{\log}$ 和 $\Delta z_{\log}$ 分别代表了电阻率异常和真实的油藏厚度，这些数据可以通过地球物理测井获得。

3.3　案例

为了对比两个数据采集系统，我们通过 MARE2DEM 生成了用于可控源电磁法反演的合成数据。在此，我们选取了 8 个案例描述和比较两种数据采集系统对油藏的灵敏度和分辨率。表 3 – 1 中详细地描述了 8 个案例的目的和方法。

表 3 – 1　灵敏度和分辨率对比案例分析

案例	目的	方法
1	灵敏度与频率、偏移距的关系	一维模拟
2	灵敏度与水深的关系	一维模拟
3	灵敏度与油藏埋深的关系	一维模拟
4	RSI 与水深的关系	二维模拟
5	分辨率与水深的关系	二维反演
6	可探测深度与分辨率	二维反演
7	灵敏度与目标体尺寸	二维反演
8	水平方向分辨率	二维反演

3.4　一维灵敏度模拟结果

为了研究海洋可控源电磁法的灵敏度，我们建立了一个一维层状电阻率模型（图 3.2），在案例一、二、三中，都将会使用这一模型。水平电偶极子源在海水中发射电磁信号。发射的距离间隔是200 m。对于海底基站式的数据采集系统来说，发射源在海底上方 30 m 水平移动，接收装置布置于海底。然而，拖曳拖缆式的采集系统，发射源在海面以下 10 m 深处水平移动，同时载有接收器的拖缆沿同一方向移动并记录数据，拖缆位于海面以下 100 m 深处。信号的测量频率为0.05 ~ 0.75 Hz，频率步长 0.05 Hz。

在图 3.3 中，方形的曲线代表灵敏度。有效的数据取自于异常场（圆形曲线）高于数据不确定性（x 形曲线）的位置，例如偏移距大于1.5 km 的位置。原因在于电磁波在高阻介质中传播过程的能量损失不会太多。由此图可以看出，海底基站式和拖曳拖缆式两种数据采集系统都可以在 300 m 水深的环境下，进行有效的数据采集。

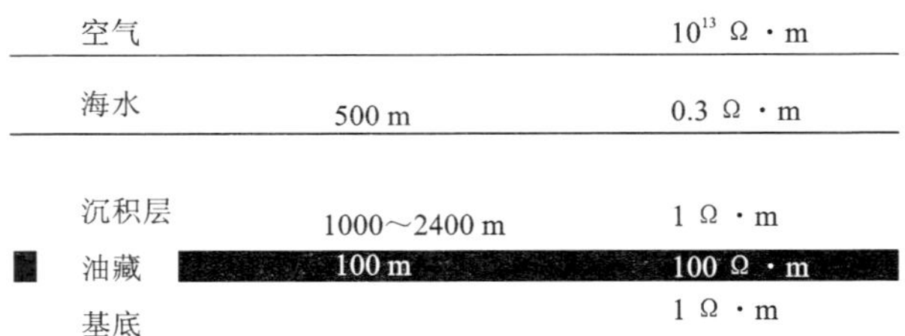

图 3.2　案例一、二、三中的一维层状电阻率模型

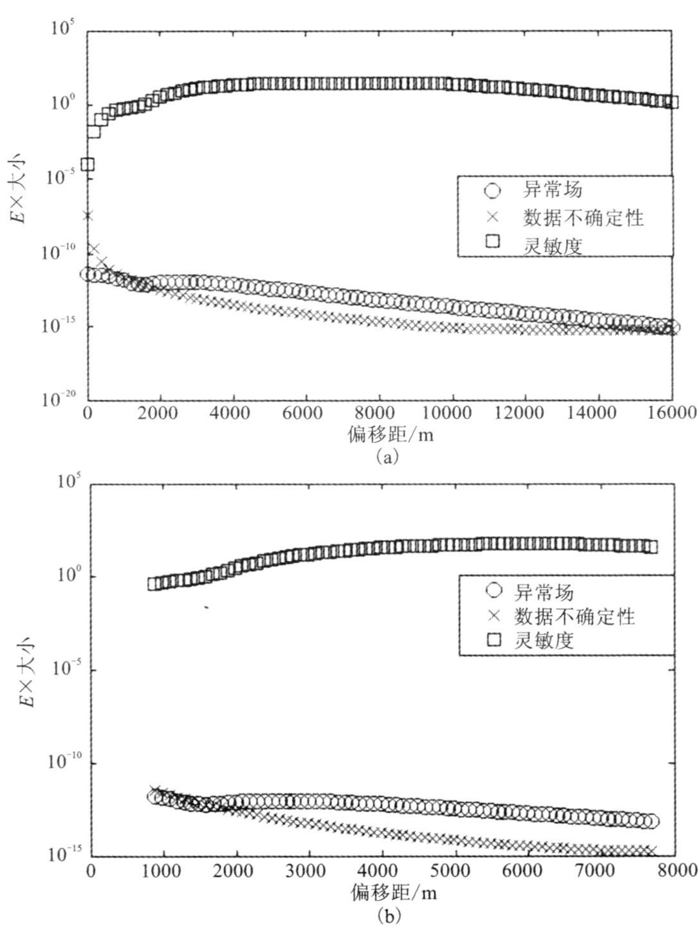

图 3.3　高阻目标体的灵敏度曲线

(a) 海底基站式；(b) 拖曳拖缆式

从公式(3.1)和公式(3.2)可知，灵敏度与频率、偏移距和介质的电阻率相关。首先，我们利用一维模型(图 3.2)案例研究水深的影响。水深的变化范围为 200 ~ 900 m，步长为 100 m。其次，我们给定了一个电阻率模型，水深参数为 500 m，油藏覆盖层厚度为 2000 m。测量频率由 0.05 Hz 向 0.75 Hz 递增，步长为 0.05 Hz。

3.4.1　案例一：频率和偏移距的影响

海底基站式和拖曳拖缆式系统的频率和偏移距与灵敏度变化的关系如图 3.4 所示，模型假设储层深度为 2000 m。图 3.4(a)表示了海底基站式数据采集系统的灵敏度与频率和偏移距的关系。由于油气储层埋在海底以下 2000 m 处，接收器在两倍埋深的偏移距处可以探测到来自储层的电磁信号。当偏移距小于储层深度的两倍时，由于海水和沉积层对电磁场的吸收作用，灵敏度小于 2.0。

图 3.4(a)表示了拖曳拖缆式数据采集系统的灵敏度与频率和偏移距的关系。由于拖缆长度的限制，拖曳拖缆式数据采集系统的最大偏移距为 8000 m。该系统的信号发射源有 800 m，拖缆上搭载的信号接收器长度为 200 ~ 1100 m。这意味着系统的建模工作需要模拟偶极子源和偶极子接收器(Key 等，2014)。在这个模型测试中，源和接收器都以点的方式进行建模，因为在一阶的近似灵敏度计算中精度是足够的。

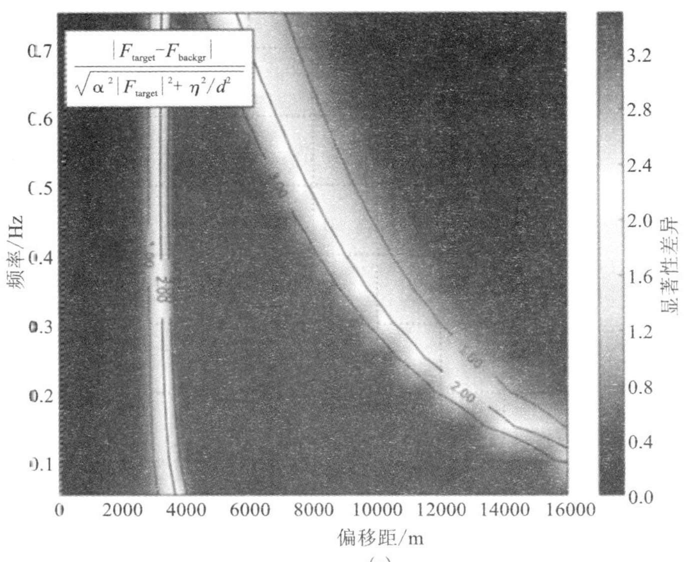

(a)

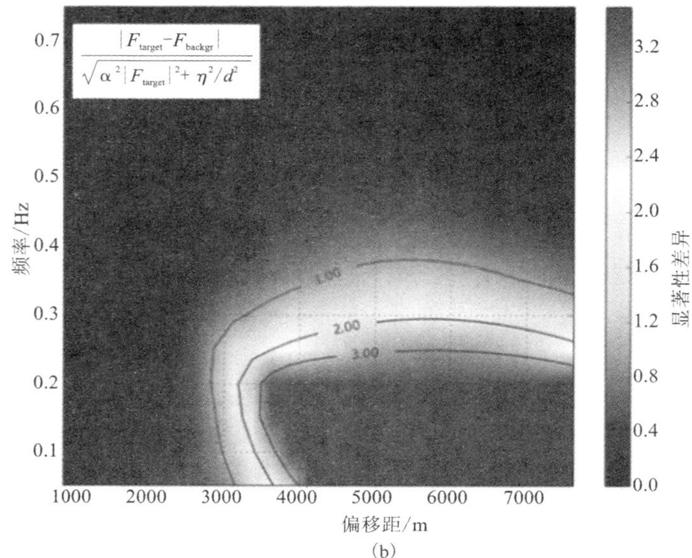

(b)

图 3.4　灵敏度曲线随频率和偏移距的变化。(a) 海底基站式；(b) 拖曳拖缆式

由于信号发射源和拖缆接收器在位于靠近海面的地方进行拖曳，在海面下500 m水深的情况下远离海底，电磁场的高频信号部分被海水吸收而减少。因此，相对比于深水环境下的基于海底基站式的系统，当频率高于0.4 Hz时，灵敏度很低。

3.4.2　案例二：水深的影响

在本节中，我们研究一维电阻率模型(图 3.2) 案例中水深的影响。水深从200 m逐步增加到900 m，步长为100 m。电磁信号频率为0.25 Hz。

图 3.5 描述了可控源电磁法灵敏度曲线随水深的变化。当水深增加时，海底基站式系统中的电场分量幅度值减小。但是，在拖曳拖缆式系统中，电场分量的幅度值在近偏移距时减小。当水深超过400 m时，可控源电磁法数据的不确定度随水深增加而增加。主要原因是通过深水传播的电场信号衰减严重，并且在远偏移区域空气波具有强烈干扰。

在这个案例中，噪声水平与不同的水深相关。在浅水环境下，油藏模型的电磁响应与背景模型的电磁响应差异较大，同时导致空气波和电磁信号的强度增大。

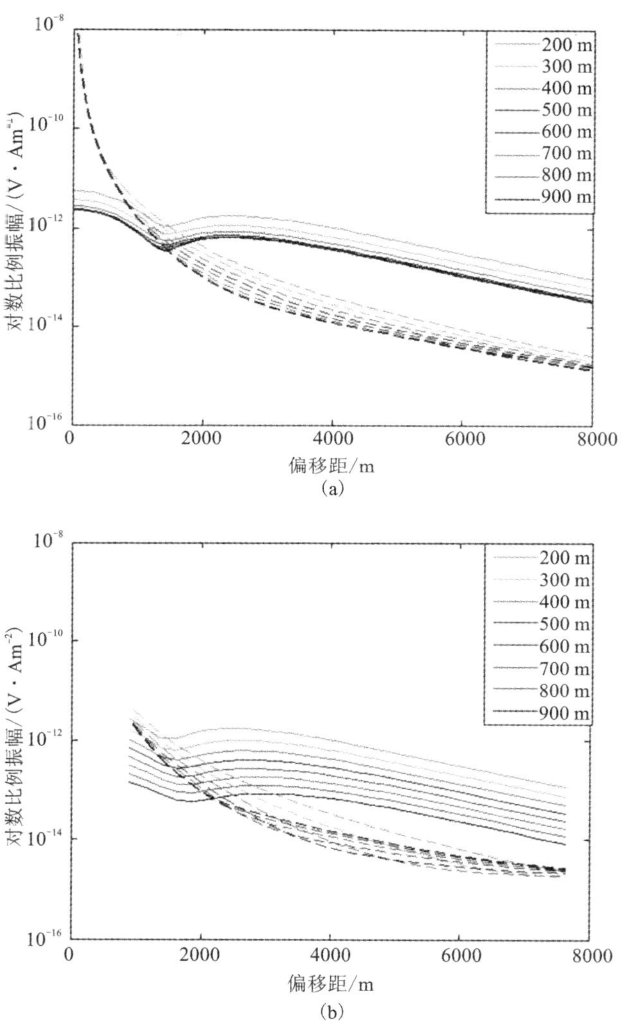

图 3.5　电磁异常场数据(实线)和不确定度(虚线)随偏移距的变化在不同水深下的反应

(a) 海底基站式；(b) 拖曳拖缆式

对于海底基站式系统来说，深水和浅水都具有明显的高灵敏度。在浅水环境下，空气波和空气海水界面与海底之间的多次反射会增加异常场，使得油藏灵敏度提高；在中等深度的海水环境下，模型的灵敏度降低了，因为通过目标体的信号传播并没有深水中的那么强烈，空气波的反射信号随着水深的增加大幅度衰减。然而，在深水环境中，所有的电磁信号都是通过海底以下的高阻层传输的，因此，来自油藏的信号占据主导作用，使得油藏灵敏度提高。

如图3.6所示，油藏模型在海底以下1.2 km的深处。图3.6(a)和图3.6(c)分别对应了在0.25 Hz和0.75 Hz频率下目标体的灵敏度。在浅海环境中，随着海水深度的减小，背景场幅值伴随着油藏散射场响应的增加而增大，因而目标体的灵敏度会增高。当水深从200 m增加到500 m时，灵敏度会下降，如图3.6(a)所示。当水深大于500 m时，散射场的幅值几乎是恒定的(Mittet和Morten，2012)。同时，不确定性和噪声水平会随着水深的增加而降低，因此，灵敏度会随着海水深度增加而增加。

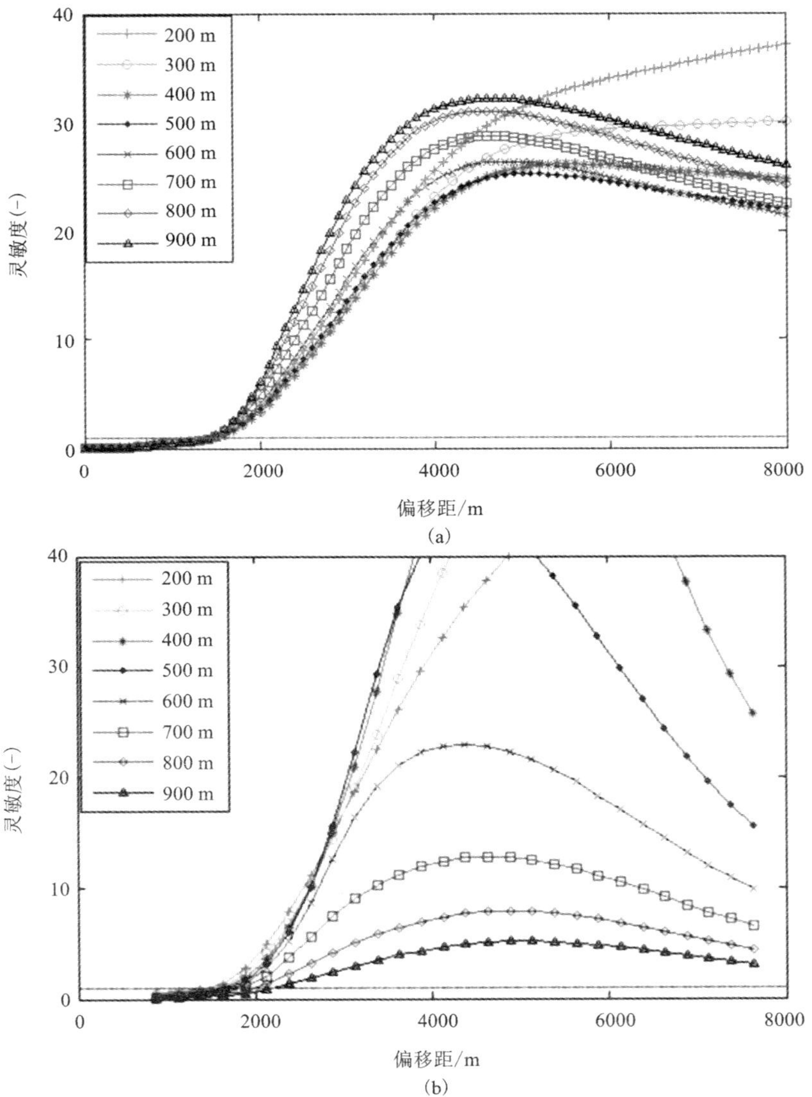

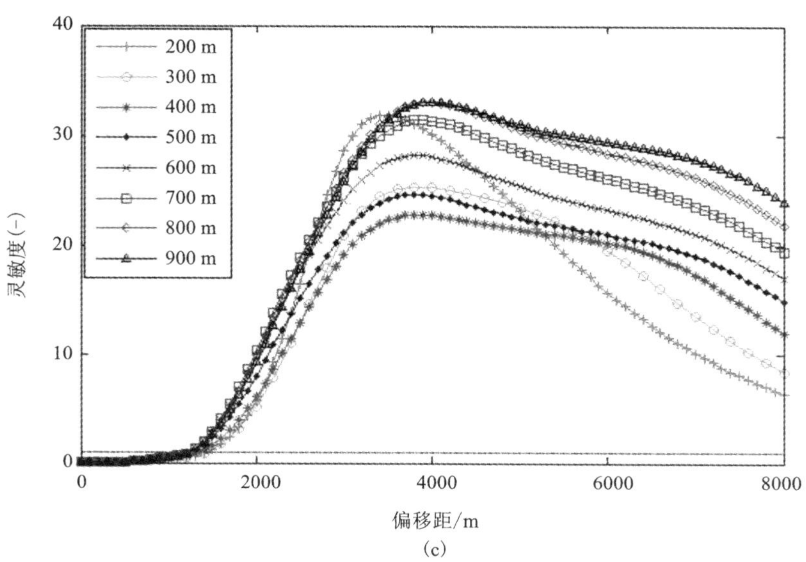

(c)

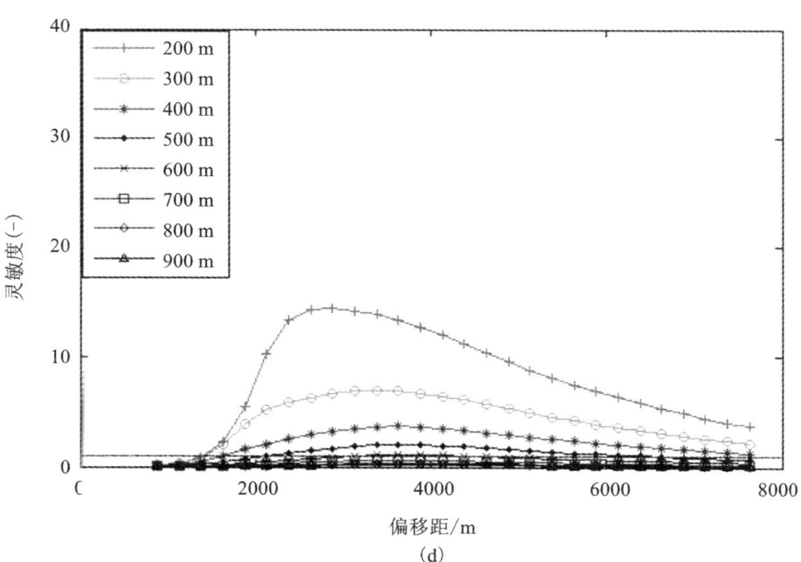

(d)

图 3.6　可控源电磁法的灵敏度随偏移距和水深的变化

(a) 和(c) 海底基站式；(b) 和(d) 拖曳拖缆式。其中(a) 和(b) 是源发射 0.25 Hz 信号；(c) 和(d) 是源发射 0.75 Hz 信号

使用拖曳拖缆式的数据采集方式，深水区的灵敏度几乎为零，因为电磁信号在海水中衰减殆尽。然而，在浅水 - 中间深度的海水中，拖曳拖缆式对于油藏目标体的探测具有很好的灵敏度。拖曳拖缆式数据采集系统具备以下两点优势：(1) 在数据采集过程中，源和接收器的相对位置不变，偏移距是一个常数。(2) 水平电偶极子源在拖曳过程中可以由 GPS 导航系统控制，坐标误差很低。Mattsson 等(2012) 发明了相关的降噪技术，可以把总体误差控制在 3% 以内。

如图 3.6(b) 所示，在浅水环境中，0.25 Hz 信号的灵敏度随着水深的增加而增高。当水深大于400 m时，灵敏度随着水深的增加急速下降。换句话说，当拖曳拖缆式系统发射频率为 0.25Hz 的电磁波探测时，400 m 的水深是灵敏度的峰值，也就是最为理想的勘探环境。图 3.6(d) 描述了 0.75Hz 频率的信号源所带来的灵敏度信息。灵敏度随着水深的增加一直在减弱。当水深大于 500 m 时，对于油藏模型，拖曳拖缆式系统表现出很低的灵敏度。

3.4.3 案例三：油藏埋深的影响

当研究灵敏度与储层深度之间的关系时，图 3.2 中的电阻率模型，其中储层的深度在不断地变化。在这些中，发射频率选择为 0.25 Hz 和0.75 Hz。两种数据采集系统的不确定性，这里分别选取的噪声参数 N 为 10^{-15} V/Am^2(海底基站式)和10^{-14} V/Am^2(拖曳拖缆式)。储层埋深的顶部分别是1200 m，1600 m，2000 m和2400 m。

根据灵敏度公式(3.1) 和不确定性模型公式(3.3)，计算储层埋深为1200 m、1600 m、2000 m和2400 m四个电阻率模型的灵敏度。图3.7 和图3.8 分别给出了频率为0.25 Hz和0.75 Hz的结果。图3.7(a) 给出的是海底基站式数据采集系统的灵敏度随储层埋深变化曲线，四个不同埋深的模型普遍都具有很好的灵敏度。然而，图3.7(b) 中所示的拖曳拖缆式的灵敏度显示当储层埋深大于200 m时，系统很难探测到目标体。结果表明，灵敏度随着储层埋深的增加而减弱。

图 3.8 给出的是 0.75 Hz 的电磁数据对目标体的灵敏度。海底基站式系统仍然可以探测到 2000 m 下的目标体。但是根据灵敏度属性大于 1，未能探测到 2400 m 的情况[图 3.8(a)]。基于相同的标准，拖曳拖缆式只能探测到最浅的目标。图3.8(b) 表明，深度为1200 m的浅层目标的灵敏度大于1.0，这意味着可以探测到浅层目标。

图 3.7 和图 3.8 所示的结果相比，拖曳拖缆式系统在浅层储层探测方面具有优势，而海底基站式系统显然对更深的储层具有优势。在低频情况下，两个采集系统都能探测到浅层目标体。但是拖曳拖缆式系统难以获得对更深目标的高灵敏度。对于拖曳拖缆式系统，在图 3.8(b) 中，只能探测到 1200 m 深的油藏。

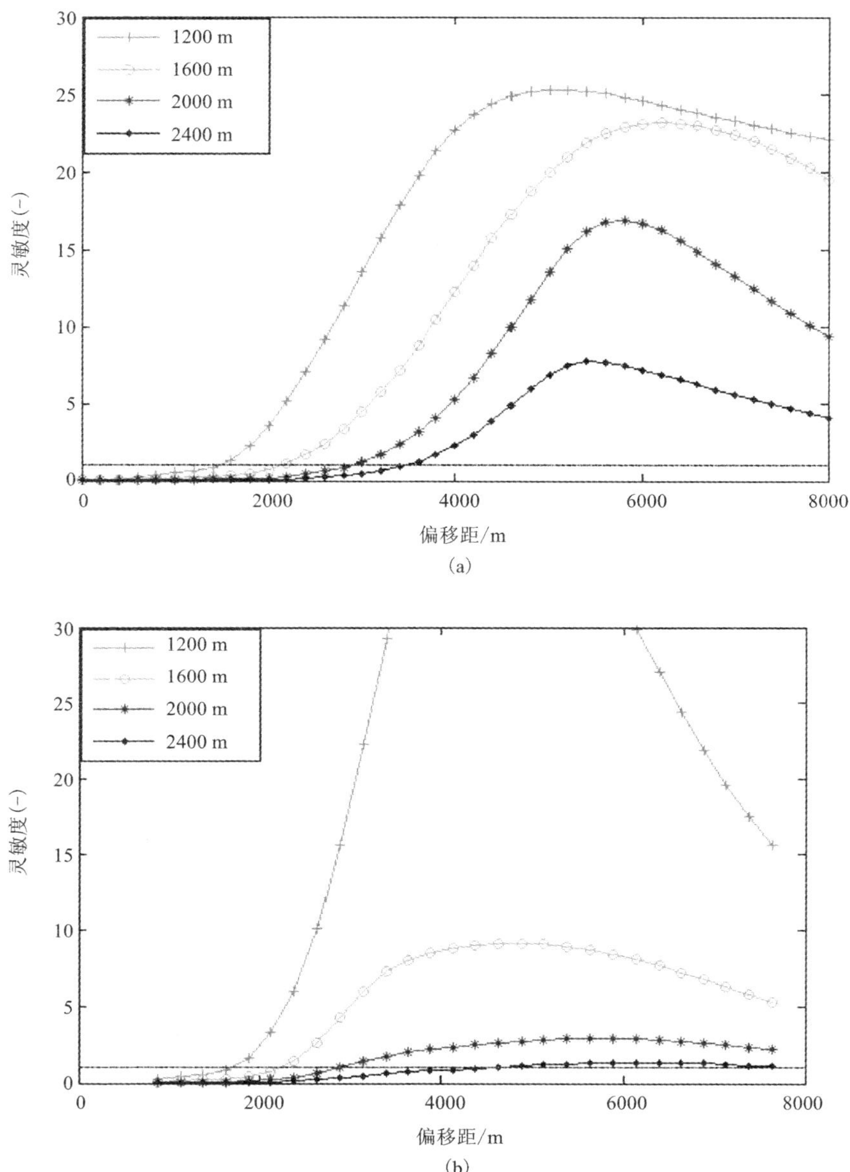

图 3.7　合成数据是由石油海底基站式(a)和拖曳拖缆式(b)两种采集方式模拟计算得到的。其中水平电偶极子源发射 0.25Hz 信号。

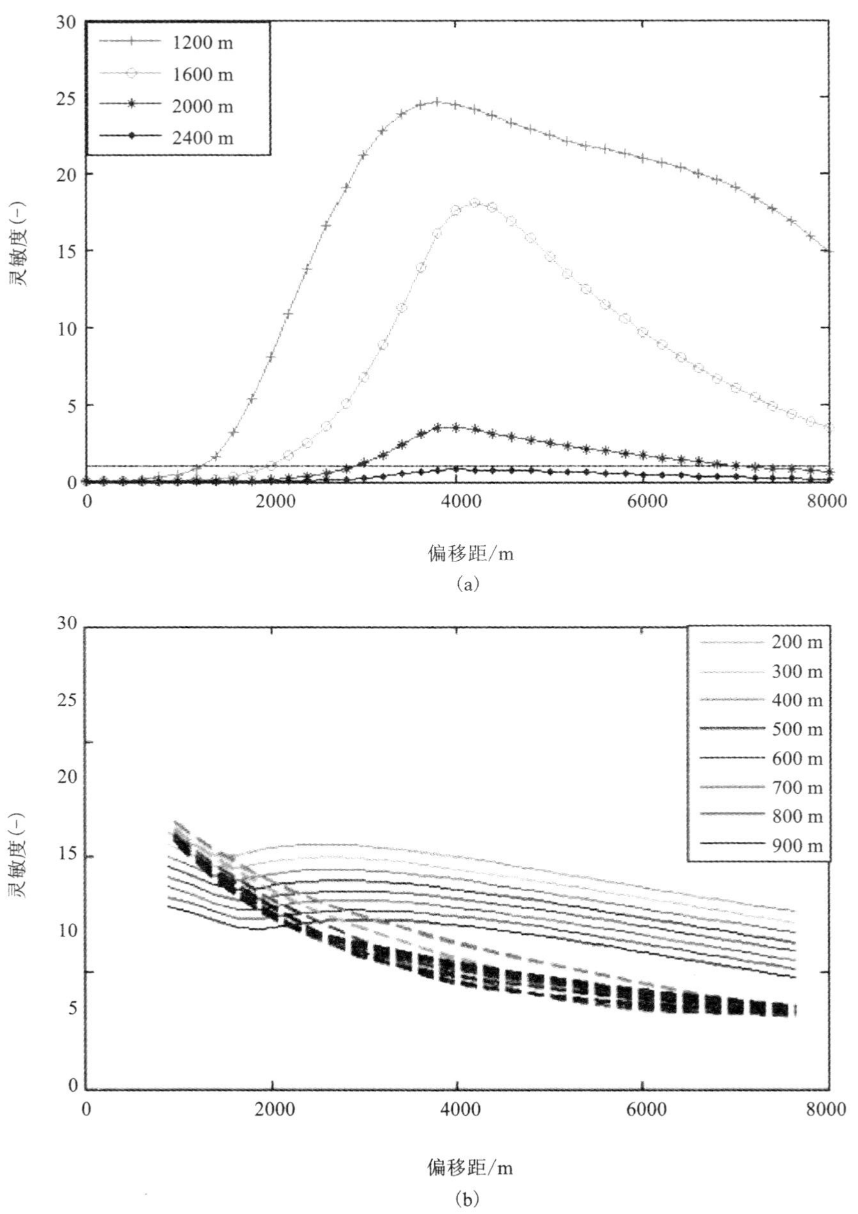

图 3.8 合成数据是由石油海底基站式(a)和拖曳拖缆式(b)两种采集方式模拟计算得到的。其中水平电偶极子源发射 0.75Hz 信号

3.5　二维层状模型结果

在本节中，我们用五个案例研究两种数据采集系统的分辨率，电阻率图像是通过2.5 节中介绍的 Occam 反演算法计算得来。案例四是利用油藏灵敏度指数(RSI) 研究不同水深的敏感性；案例五和案例六分别研究了不同水深和储层埋深的分辨率；案例七研究了不同储层尺寸的分辨率；案例八研究了两个储层之间水平距离的分辨率。如图3.9 所示，案例四、五、六和七的电阻模型是由导电介质的沉积层(1 Ω·m) 包裹着薄储层(100 Ω·m)。两个数据采集系统的参数在表3－2 中列出。图 3.9 ～ 图 3.15 中，白点在海底基站式系统中表示间隔为 1 km 的接收器，在拖曳拖缆式中表示间隔为250 m 的源位置。拖曳拖缆式系统的偏移距为883 ～ 7595 m。

表 3－2　海洋可控源电磁法数据采集参数

参数	海底基站式	拖曳拖缆式
源采集间隔 /m	200	250
频率 /Hz	0.25, 0.75	0.25, 0.75
噪声水平 / (V · Am^{-2})	10^{-15}	10^{-14}
标准差	0.4	0.4
源长度 /m	270	800
源深度	海底上方 30 m	海面下 10 m
接收器位置，间距	海底，1 km	海面下 100 m，160 m

拖曳拖缆式数据采集系统，源和载有接收器的拖缆被船由东向西拖曳。第一发信号从 10 km 处开始反射。在 72 次信号发射后，最后一次的信号在末端的－7.7 km 处发射。由于拖缆长达 7.7 km，最后一个接收器刚好位于 0 km 处，因此，数据采集覆盖了 10 km 以内的全部区域。在海底基站式系统中，11 个接收器位于 10 km 之内，等间距分布。发射源的信号间隔距离为200 m，从 20 km 拖到－10 km 进行数据采集(图 3.9)。

3.5.1　案例四：RSI 判定水深的影响

为了研究水深在二维薄层电阻率模型中的影响，我们测量了在不同水深下的合成数据。我们采用了图 3.9 所示的电阻率模型，其中储层埋深在海底以下 1.2 km 处。

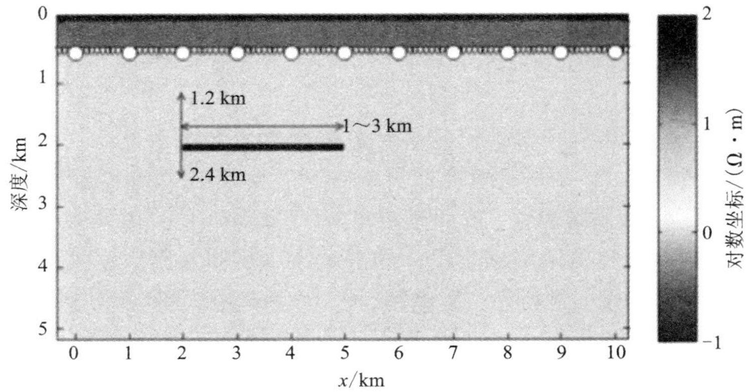

图 3.9　简单的二维电阻率层状介质模型

图 3.10 显示了使用两种不同数据采集系统中的每一种测量的 RSI。根据公式(3.2)，曲线表明 RSI 值随着水深的增加而变化。结果，海底基站式系统中目标体的 RSI 随着水深的增加而增加。由于降低了噪声水平，RSI 在深水中的数值很高。然而，随着水深的增加，拖曳拖缆式系统中的 RSI 参数平稳下降。当水深增加时，海底与接收器拖缆之间的距离也在增加。电磁信号的能量被海水吸收，导致可控源电磁数据异常场的振幅减少。此外，信噪比也随着海水变深而增加。

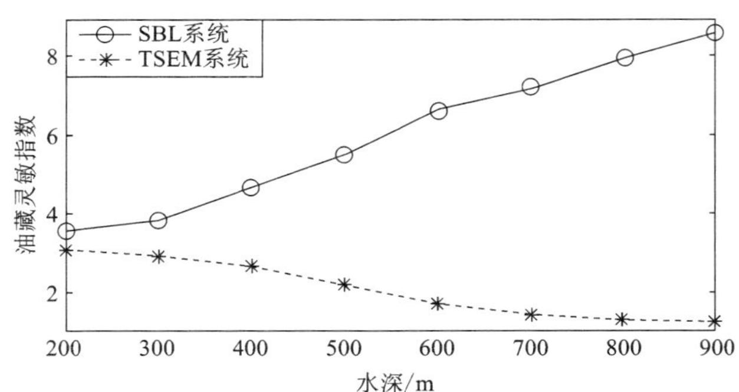

图 3.10　两种采集系统的 RSI 随水深变化的关系

3.5.2　案例五：水深在深度分辨率上的影响

为了测试二维薄层电阻率模型中水深的影响，我们还使用 Occam 算法反演海洋可控源电磁法的合成数据(Key，2009；Key 和 Ovall，2011)。设置不同的水深参数，例如 300 m，500 m，700 m 和 900 m，再由 MARE2DEM 模拟合成数据的场值。

电偶极子源的发射频率为0.25 Hz和0.75 Hz。电阻率模型如图3.9所示，其中油藏埋在海底以下1.2 km处。图3.11(a)和图3.11(b)的水深为0.3 km；图3.11(c)和图3.11(d)的水深为0.5 km；图3.11(e)和图3.11(f)为0.7 km；图3.11(g)和图3.11(h)的水深为0.9 km。

图3.11给出了反演的全部结果，拖曳拖缆式系统和海底基站式系统之间的差异很容易被区分出来。

在浅水环境中，两种勘探方法都能够提供高质量的电阻率图像。随着水深的增加，拖曳拖缆式系统的电阻率图像的质量由于水中电磁波被吸收而变差。同时，沿着海面行进时，空气波不会衰减。在这种情况下，较低的信噪比导致深水中的图像比浅水中的图像差。然而，对于海底基站式系统却观察到相反的现象。在深水情况下，由于空气波信号的减少导致水中扩散场的衰减，因此，信噪比随着水深的增加而增加。水深越大，海底基站式系统反馈的反演效果越好。当水深为900 m时拖曳拖缆式系统很难检测到储层异常。

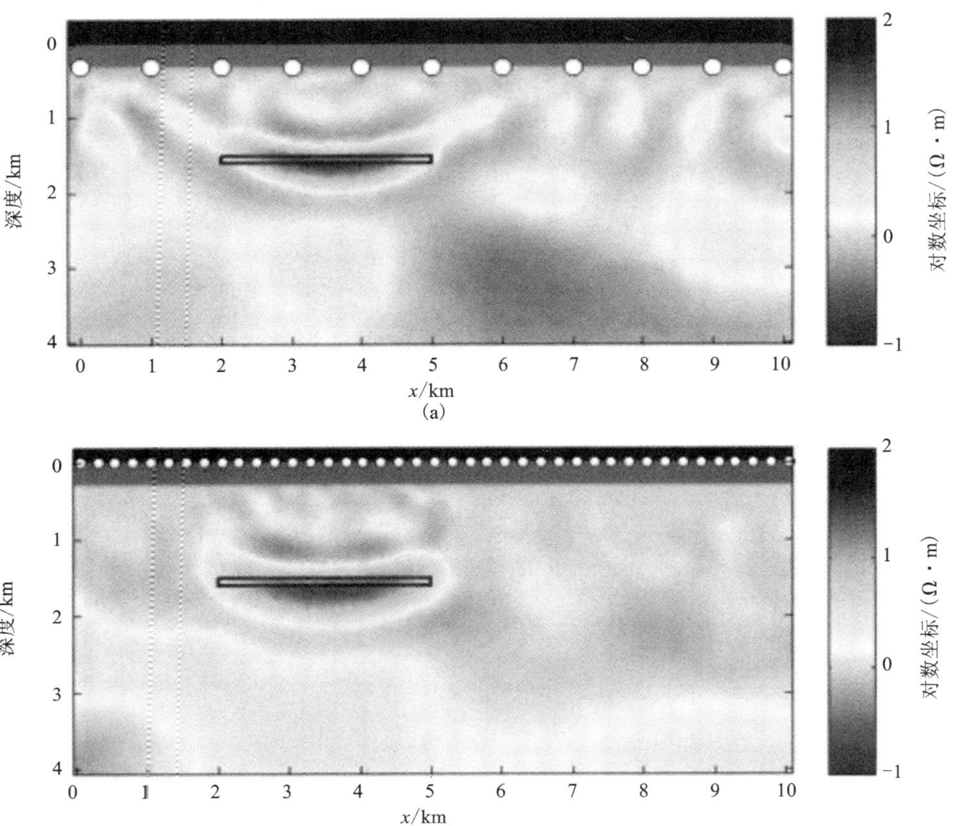

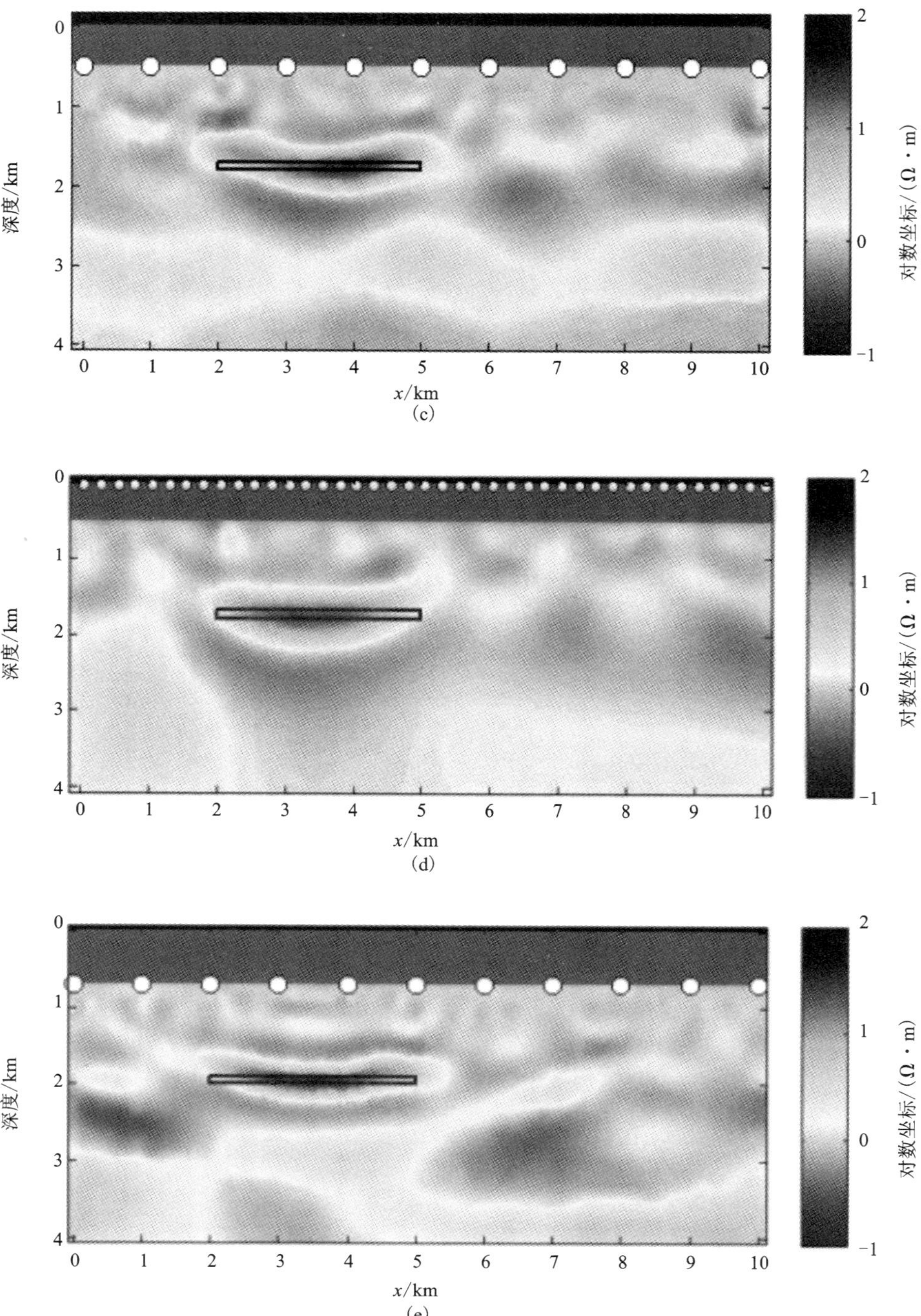

(c)

(d)

(e)

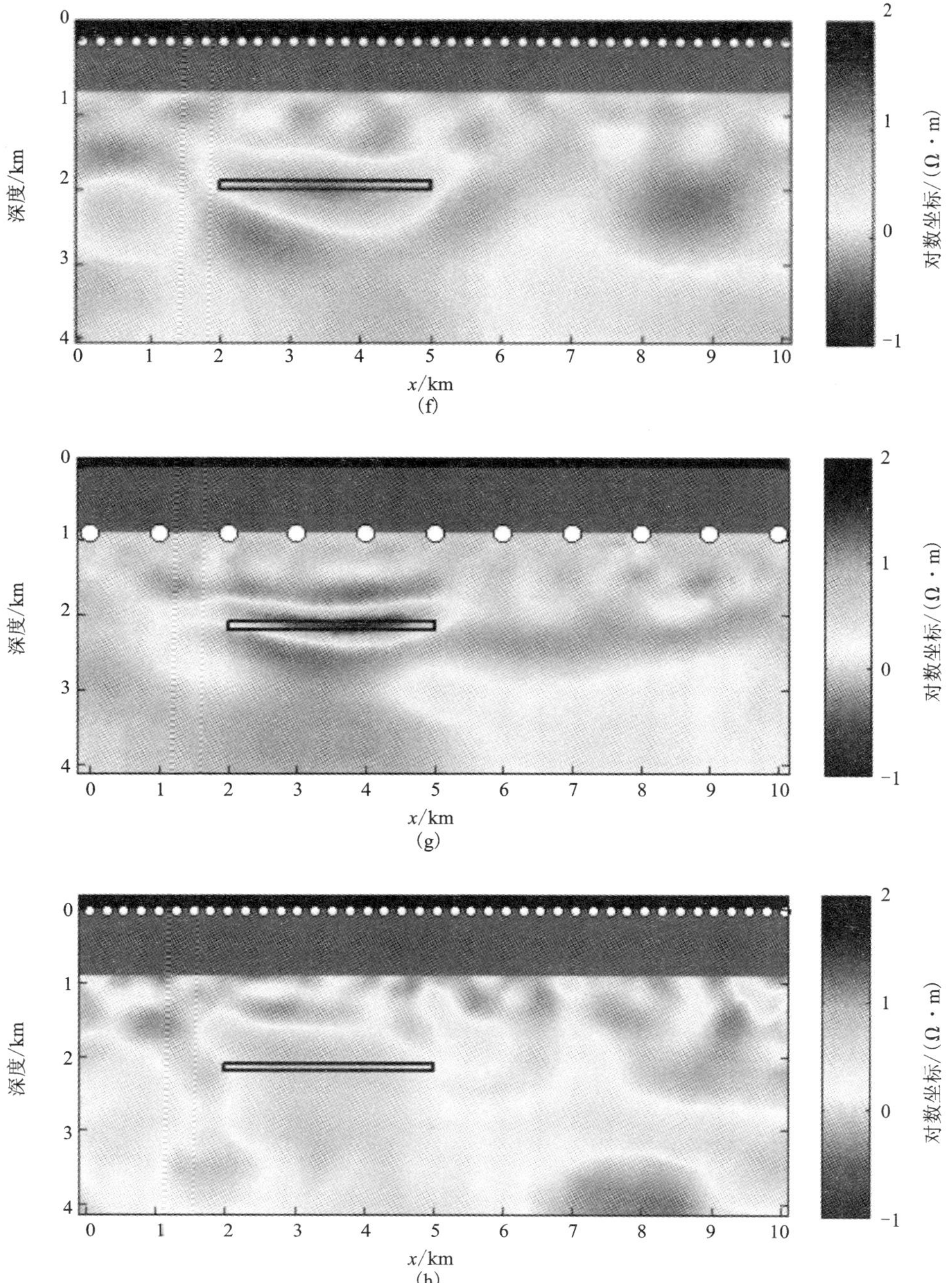

图3.11　海底基站式系统[(a)、(c)、(e)、(g)]和拖曳拖缆式系统[(b)、(d)、(f)、(h)]随水深的变化

3.5.3 案例六：油藏埋深在深度分辨率上的影响

案例三研究了Occam的反演分辨率和储层深度的变化关系。反演案例的数据来源于二维油藏模型模拟(图3.9)。薄电阻层的顶部位于海底下方1.2 km、1.6 km、2.0 km和2.4 km处，用于测试储层在不同深度的分辨率变化。表3－2列出了数据测量的参数。为了研究可探测性，使用300 m、500 m和700 m的固定水深进行测试。水深的影响在前一小节中已讨论。因此，300 m处的固定水深仅作为测试的示例。图3.12给出的反演结果表明，当储层埋藏2400 m时，两种数据采集系统都不能获得很好的反演结果。图3.12(a)和图3.12(b)的储层深度为1.2 km；图3.12(c)和图3.12(d)为1.6 km；图3.12(e)和图3.12(f)为2.0 km，图3.12(g)和图3.12(h)为2.4 km。当储层深度增加时，反演异常区域增加但电阻率参数值变小，如图所示海底基站式系统的图3.12(a)，图3.12(c)，图3.12(e)和图3.12(g)以及拖曳拖缆式系统的图3.12(b)，图3.12(d)，图3.12(e)和图3.12(h)。

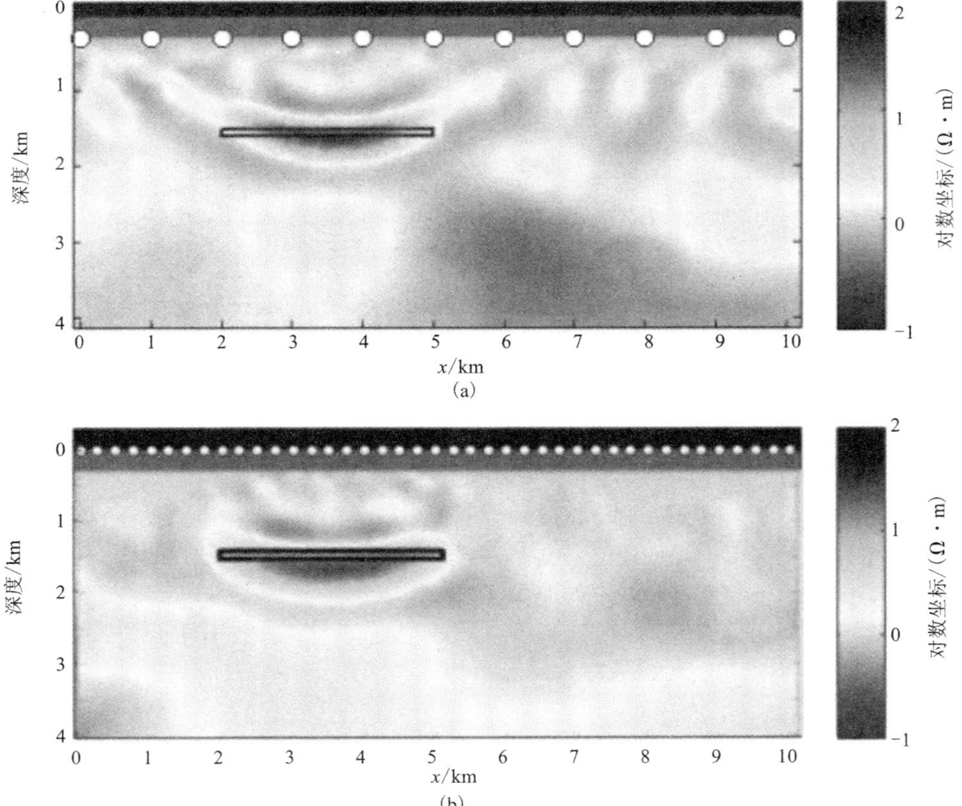

(a)

(b)

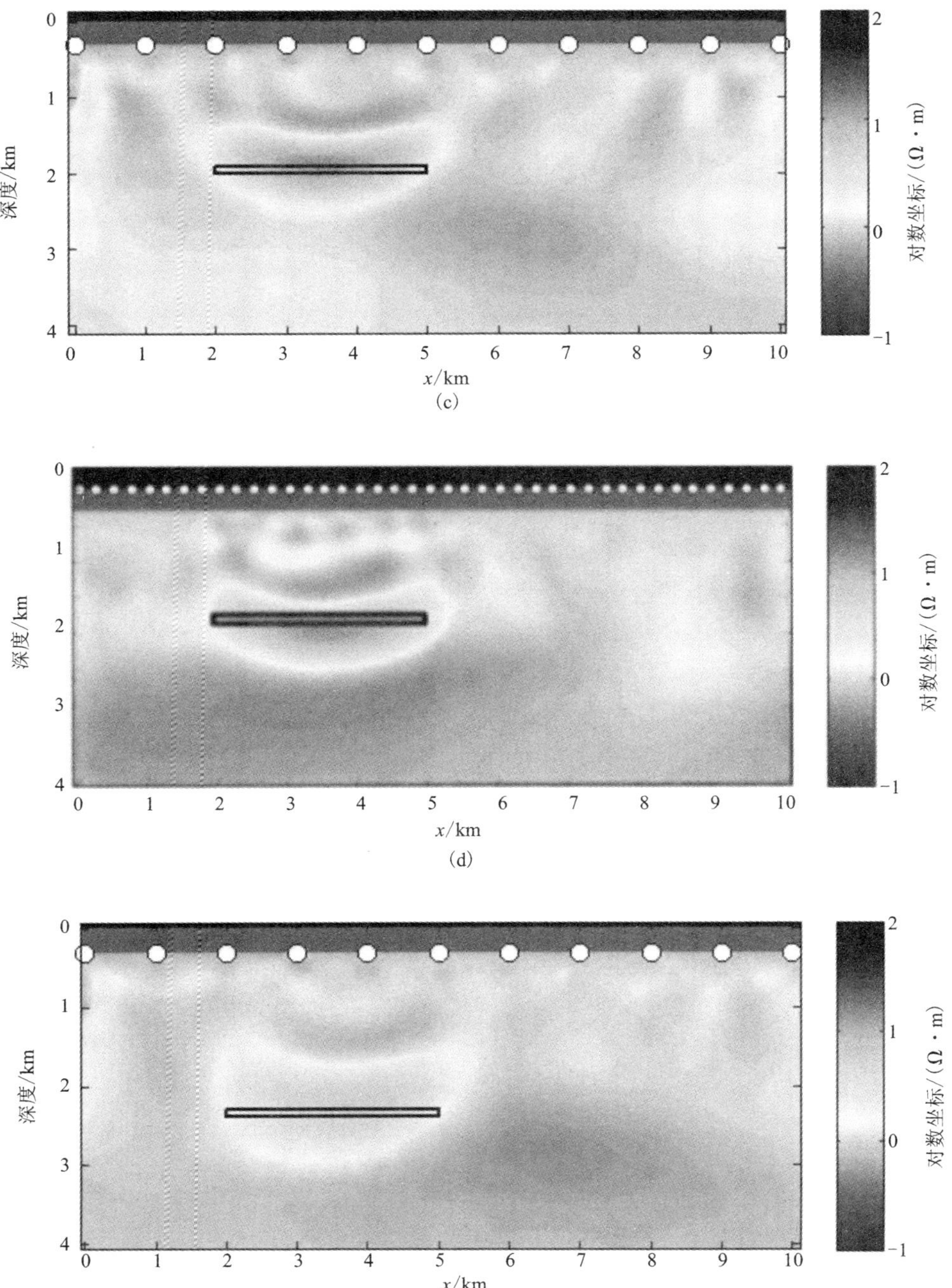
深度/km
x/km
对数坐标/(Ω · m)
(c)
(d)
(e)

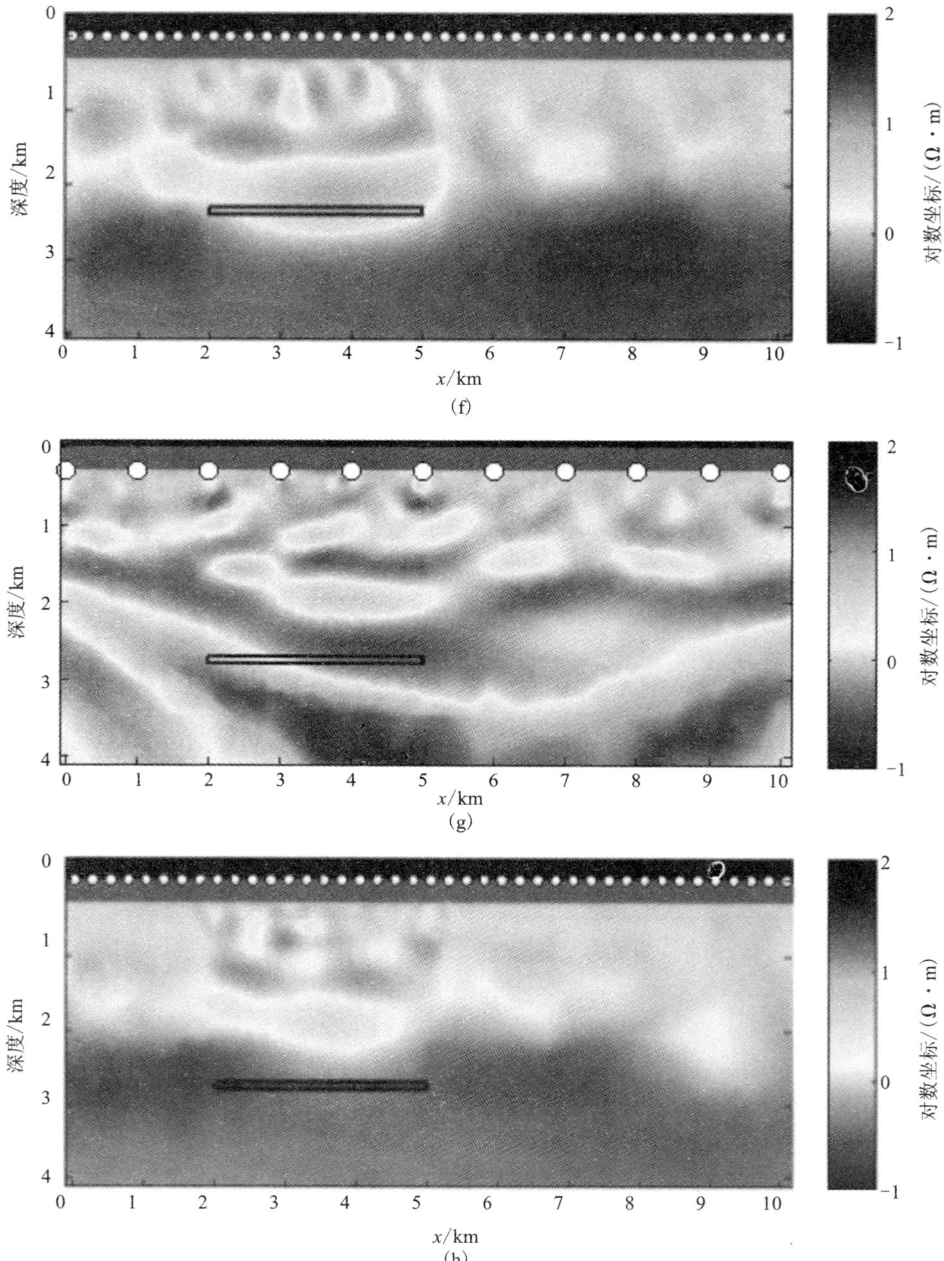

图 3.12　300 m 水深，海底基站式系统[(a)、(c)、(e)、(g)]和拖曳拖缆式系统[(b)、(d)、(f)、(h)]的反演结果

3.5.4　案例七：目标体尺寸的灵敏度分析

为了研究两种采集系统的灵敏度与目标尺寸之间的关系，我们测试了一个简单的模型，储层长度分别为2.0 km、1.5 km、1.0 km。模型如图3.9所示。水深300 m，储层埋深在海底以下1 km。采集参数见表3－2。

图3.13展示了不同长度的油藏模型的Occam反演结果。左图显示海底基站式系统反演结果，右图显示拖曳拖缆式系统反演结果。图3.13(a)和图3.13(b)的储层长度为2.0 km，图3.13(c)和图3.13(d)为1.5 km，图3.13(e)和图3.13(f)的储层长度为1.0 km。

随着储层长度的减少，海底基站式系统在Occam反演结果中出现假异常。假异常出现的一个可能原因是我们选择了错误的Occam的反演参数。错误的参数导致RMS拟合差大于目标拟合差。当Occam反演结束时，Occam反演并没有开始平滑模型。另一个原因可能是采集系统所采集的数据点较少。为了克服这个问题，将来可能会对更多的反演实例进行测试，例如，改变反演参数或给出更高的目标误差来测试平滑模型，添加或删除接收器以测试数据点。

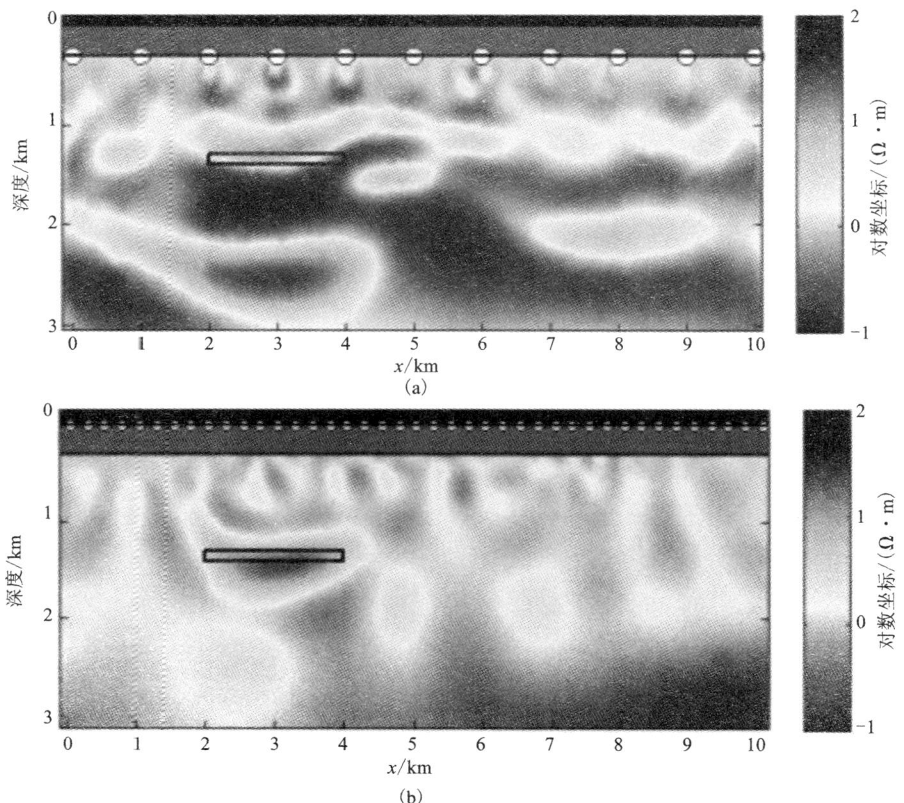

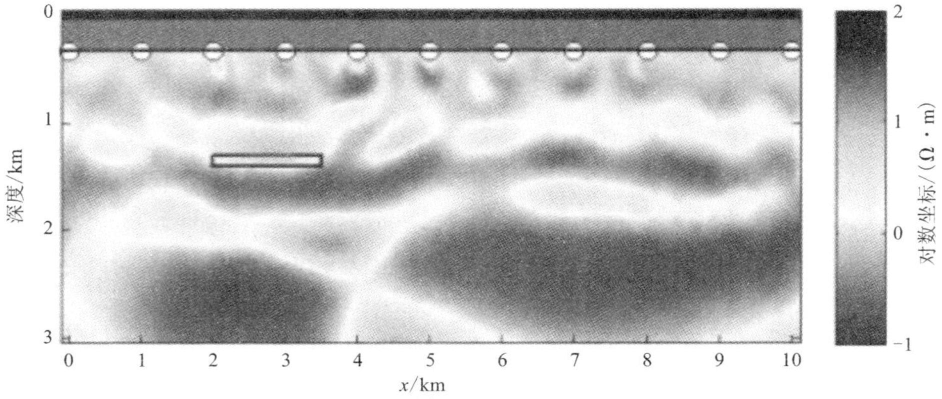
深度/km
x/km
对数坐标/(Ω·m)
0
1
2
3
0
1
2
3
4
5
6
7
8
9
10
2
1
0
−1
(c)

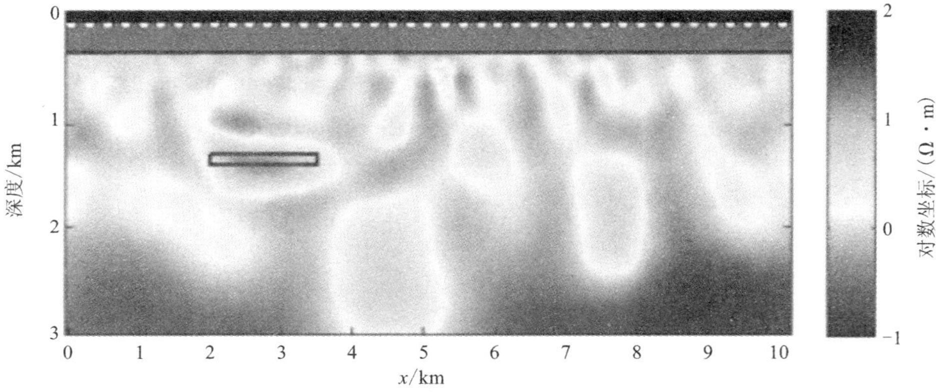
深度/km
x/km
对数坐标/(Ω·m)
0
1
2
3
0
1
2
3
4
5
6
7
8
9
10
2
1
0
−1
(d)

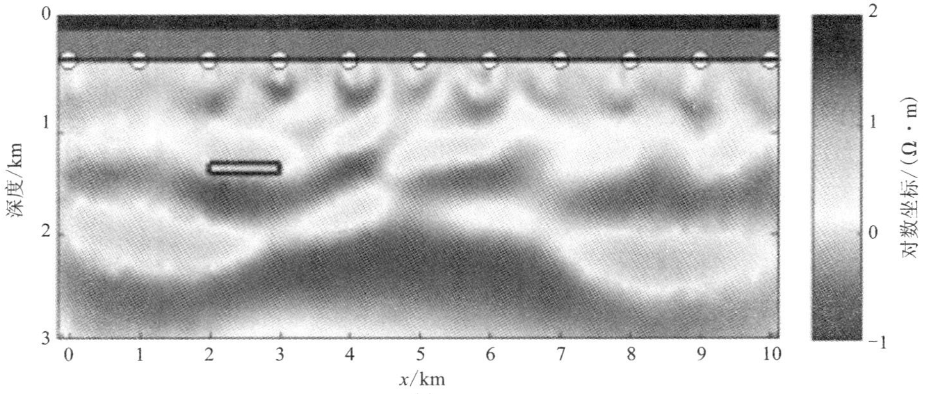
深度/km
x/km
对数坐标/(Ω·m)
0
1
2
3
0
1
2
3
4
5
6
7
8
9
10
2
1
0
−1
(e)

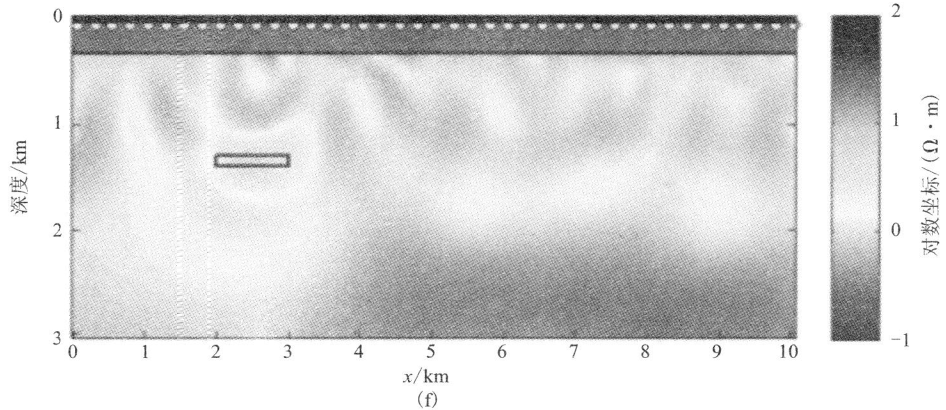

图 3.13　海底基站式[(a)、(c)、(e)]和拖曳拖缆式系统[(b)、(d)、(f)]的反演结果

相比于海底基站式系统的结果，拖曳拖缆式系统的反演电阻率图像具有更好的水平分辨率。原因是拖曳拖缆式系统的相邻接收器之间的距离小于海底基站式系统的距离。通过这种数据采集方式，拖曳拖缆式系统可以提供非常密集的横向空间采样。

3.5.5　案例八：储层的间距在横向分辨率上的影响

在本节中，我们通过测试两个储层的模型之间的距离评价反演结果的水平分辨率。建立一个案例八(图 3.14)的模型，用以模拟海洋可控源电磁合成数据。二维模型中由两个大小相等的高电阻率模型组成，其尺寸沿 x 和 z 方向分别为 2.0 km × 0.1 km。其中，一个储层位于 x 方向 2 ~ 4 km，电阻率为 100Ω，另一个储层具有相同的电阻率和埋藏深度。两个模型之间的距离是 2 km 和 1 km。表 3 - 2 中给出了反演参数。

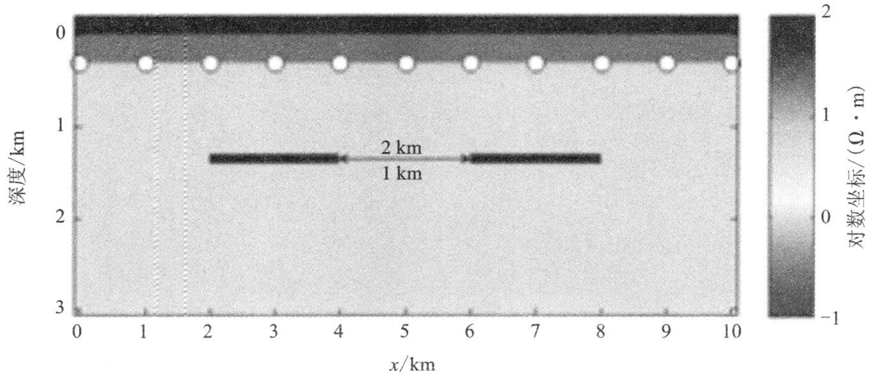

图 3.14　高电导背景介质中薄电阻层装模型

两种采集系统的数据反演结果如图3.15所示。两个储层的长度为2.0 km，两个储层间的距离为图 3.15(a) 和图 3.15(b) 中的 2.0 km；在图 3.15(c) 和图 3.15(d) 中 1.0 km。真实模型中两个储层之间的距离为2 km。结果表明海底基站式和拖曳拖缆式系统都能够检测到两个高阻异常。使用海底基站式系统检测到的异常深度略微浅于图 3.15(a) 所示的真实模型，而图 3.15(b) 所示的拖曳拖缆式系统的异常更加符合真实情况。

图 3.15(c) 和图 3.15(d) 展示了当两个储层之间的距离为 1 km 时的 Occam 反演的结果。由图 3.15(c) 中的海底基站式系统结果中的两个储层连接成为一个大异常。相比之下，图 3.15(d) 中的拖曳拖缆式系统清楚地区分了两个异常。

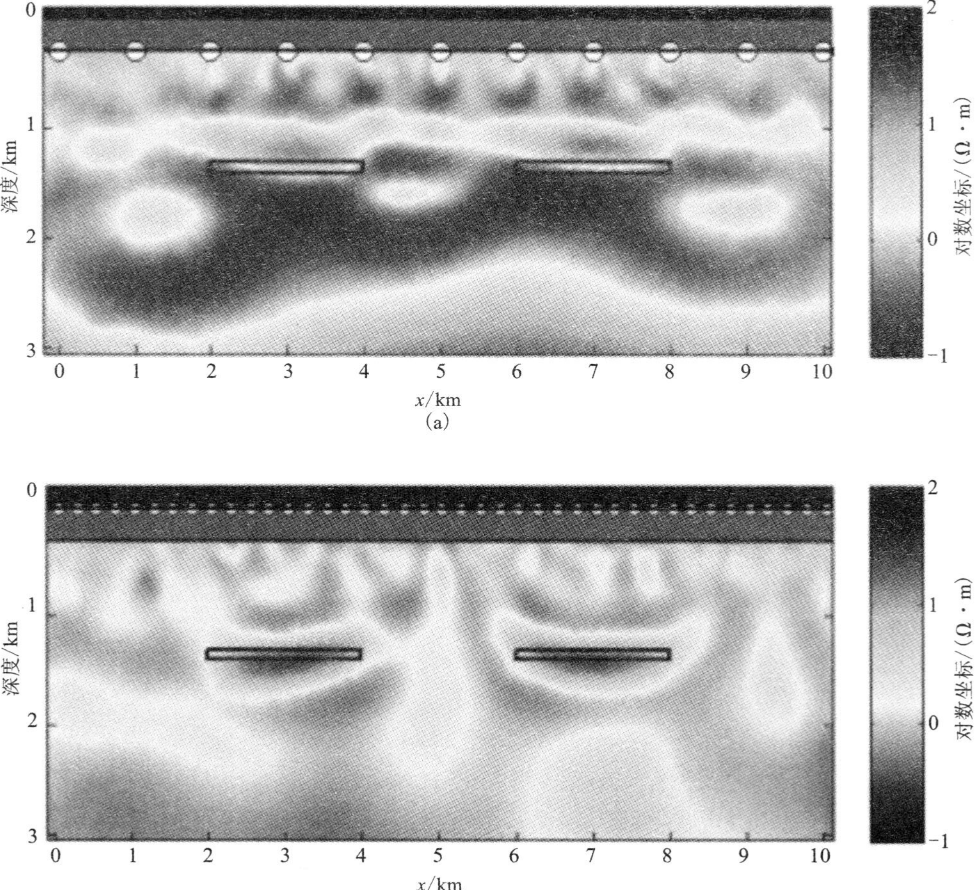

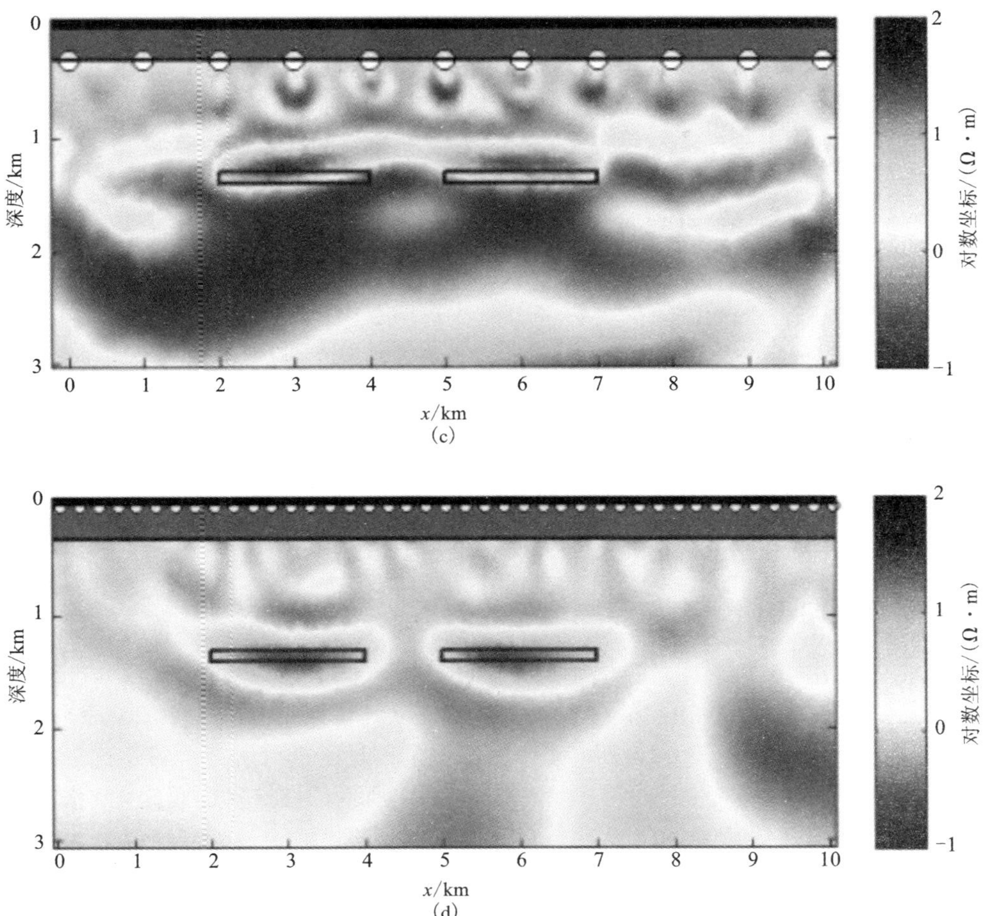

图 3.15　300 m 水深，海底基站式系统[(a)、(c)] 和拖曳拖缆式系统[(b)、(d)] 的反演结果

3.6　横向电阻比率分析

3.6.1　横向电阻比率与水深的关系

显然，通过分析电阻率图像评估海洋可控源电磁法反演结果是一种非常好的方法。另外，横向电阻比率(ATR) 能够快速评估电阻图像。本书使用这种方法评估海洋可控源电磁法反演的电阻率图像。

案例五中的反演结果应用横向电阻比率。根据公式(3.9)，ATR_{ratio} 取决于

ATR_{true} 和 ATR_{inv}。在这些情况下，$ATR_{true} = 9900\ \Omega \cdot m^2$。$\Delta R_{CSEM}$ 是指由海洋可控源电磁法电阻率测井中的油气藏引起的电阻率异常。ΔZ_{CSEM} 是海洋可控源电磁法电阻率测井中海洋可控源电磁法异常的厚度。500 m 的计算域 ΔR_{CSEM} 用于计算 ATR。根据经验，ATR 为0.3 的比率作为质量评价标准。如果 ATR 高于0.3，则电阻率图像可以进行地质地球物理解释。对于充满油气的储层深度变化，考虑对应于深水层，中间深度水层和浅水层的变化。当储层深度从 1.2 m(蓝色) 到 1.6 m(绿色) 再到 2.0 m(红色) 变化时，结果如图 3.16 所示。

图3.16(a) 显示了海底基站式系统的 ATR 随水深的变化，拖曳拖缆式系统的变化曲线如图 3.16(b) 所示。从图 3.16(a) 可以看出，最低 ATR 比率的位于 500 m 水深处附近。当储层深度为 2.0 km 时，海底基站式系统中的 ATR 低于 0.3。这与一维灵敏度模型案例的结果相吻合，灵敏度在 500 m 水深处时为最低[图 3.6(a)]。拖曳拖缆式的 ATR 在 400 m 水深处是最大值。说明拖曳拖缆式系统在水深400 m 处具有最佳的灵敏度和分辨率[图 3.6(b)]。在深水中，拖曳拖缆式系统的 ATR 太低，海洋可控源电磁法反演结果的电阻率图像质量较差。当储层深度增加时，ATR 比率急剧下降。

3.6.2 横向电阻比率与储层埋深的关系

本节使用的案例六中的反演结果用 ATR 分析。ATR 的计算公式可用式(3.8) 和公式(3.9)，其结果如图3.17 所示。根据经验，评价质量标准 ATR 为0.3，与上述相同。如果 ATR 低于 0.3，则电阻率图像质量不足以进行解释。ATR 比率随图 3.17(a)，图3.17(b)，图3.17(c) 和图3.17(d) 所示的储层深度而变化，水深分别为 300 m，500 m，700 m 和 900 m。

如图 3.17(a) 所示，反演结果的 ATR 比率随着海水深度为300 m 的储层深度的增加而变化。ATR 比率随着储层深度的增加而减小。由于空气波影响浅层目标油藏的响应，1000 m 油藏深度两种采集系统的 ATR 均低于 1200 m 油藏深度。线性减小曲线反映 ATR 随储层深度减小，在某种程度上海洋可控源电磁法的可探测深度下降。当储层埋深在海底以下不到1800 m 时，两种数据采集系统都能够提供良好的电阻率图像。

当水深为500 m 时，海底基站式系统的 ATR 比率与图 3.17(b) 中的拖曳拖缆式系统的 ATR 比率相似。如图3.17(b) 所示，当储层深度从1600 m 增加到1800 m 时，拖曳拖缆式系统的 ATR 比率值急剧下降。海洋可控源电磁法反演结果无法为在 1800 m 油藏深度埋深的案例提供高分辨率图像。尽管海底基站式系统在 1800 m 处的 ATR 比率小于 0.3，但它大于拖曳拖缆式系统的 ATR 比率。因此，海底基站式系统在中间水深的储层具有探测优势。

在图 3.17(c) 中，深水 700 m 模型中海底基站式系统的 ATR 比率高于中间水

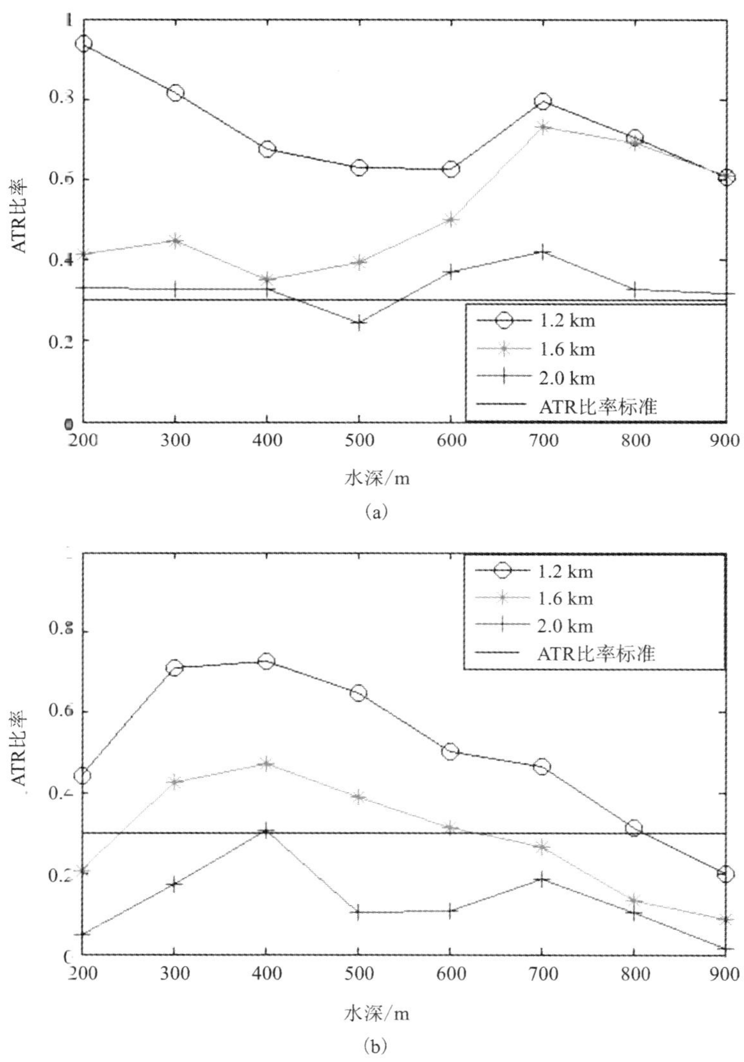

图 3.16　ATR 比率随水深变化(a) 海底基站式系统和(b) 拖曳拖缆式系统

层 500 m 模型。即使储层埋在海底以下 2000 m 处，海底基站式系统采集数据的反演结果也具有高分辨率。

拖曳拖缆式系统的可探测性随着水深的增加而减小。当水深为 900 m 时，ATR 比率如图 3.17(d) 所示。拖曳拖缆式系统只能为非常浅的储层提供高质量电阻率图像。

SBL系统
TSEM系统
ATR比率
油藏深度/m
(a)

SBL系统
TSEM系统
ATR比率
油藏深度/m
(b)

SBL系统
TSEM系统
ATR比率
油藏深度/m
(c)

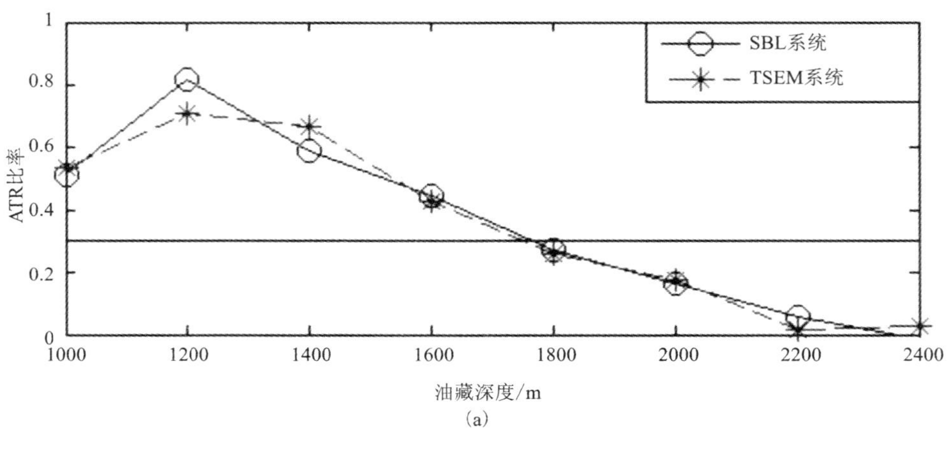

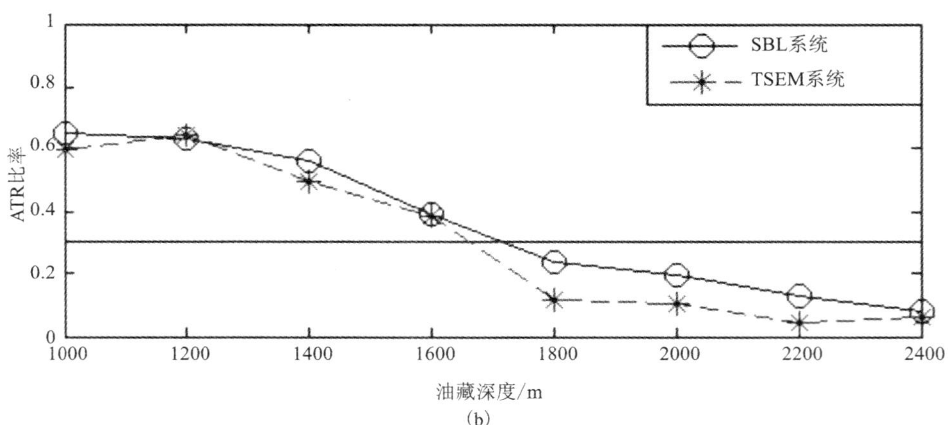

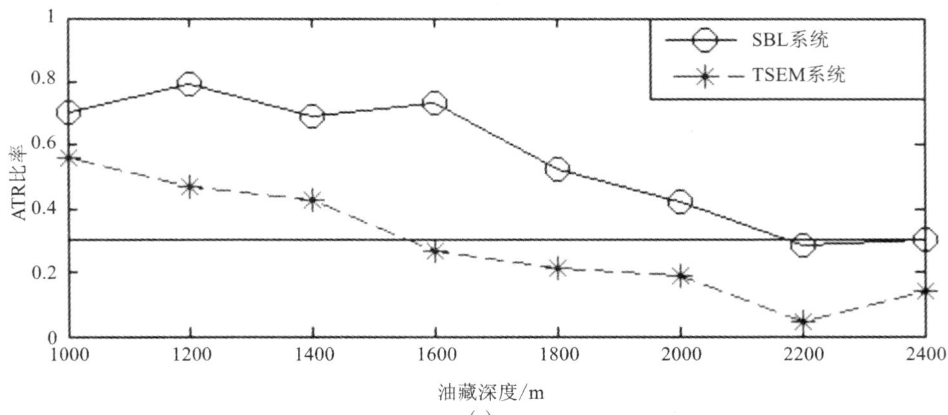

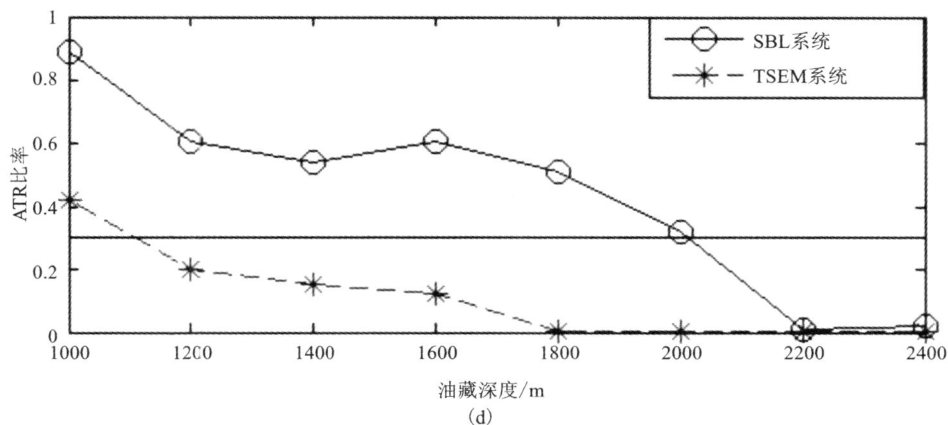

图 3.17　水深为 300 m(a)、500 m(b)、700 m(c) 和 900 m(d) 的海底基站式系统(实线)和拖曳拖缆式系统(虚线)的 ATR 比率随储层深度的变化

3.7　讨论与结论

海洋可控源电磁法与其他地球物理方法一样具有优缺点。为了评估海洋可控源电磁法，本章研究了海底基站式和拖曳拖缆式数据采集系统的频率、偏移距、水深、目标体埋深、目标体尺寸和灵敏度之间的关系，并分析了垂向分辨率和水平分辨率的影响。本节采用了三种研究方法：一维灵敏度模型，RSI 和 Occam 反演的 ATR 评价。

一维灵敏度模型可以提供海洋可控源电磁法数据采集系统的快速评估。一维建模的响应表明，在不同频率和偏移距下，海底基站式系统方法的灵敏度不同于拖曳拖缆式系统。海底基站式和拖曳拖缆式系统对浅水层高阻目标体的探测都具有良好的灵敏度。随着水深的增加，拖曳拖缆式系统的可探测深度减小。

通过一维灵敏度模型和二维模型的正演与反演研究了水深和目标深度对可探测深度的影响。在深水环境中，海底基站式系统是优选的探测方法，因为电磁波在海水传播过程中具有较低的能量损失。该研究表明，在 300 m 的浅水层处，两种采集系统都可用于海洋油气勘探。在浅水环境中，拖曳拖缆式系统在灵敏度和反演方面相比于海底基站式系统提供了更好的电磁响应。

在二维模型的情况下，RSI 可以快速评估对目标体的灵敏度。这种方法在二维高阻薄层模型中做了测试。RSI 曲线表明可探测性和水深之间存在类似关系。但是这种方法无法给出更多细节信息。

为了获得更多细节信息，Occam 反演算法用于二维模型反演。反演电阻率结果表明分辨率与水深有关。在浅水环境中，海底基站式和拖曳拖缆式系统都具有很好的分辨率。使用 RSI，可以在反演海洋可控源电磁法数据之前评估数据的灵敏度。当水深增加时，海底基站式数据的深度分辨率优于拖曳拖缆式。

由于难以比较两个数据采集系统的电阻率结果，因此引入了 ATR 比率评估电阻率图像。为了更好地分析海洋可控源电磁数据反演的电阻图像的 ATR，我们将 0.3 作为评估反演结果的标准。可探测的目标深度取决于水深、地质背景、频率和偏移距。在海底基站式和拖曳拖缆式系统中，我们测试了精确的储层探测极限，计算了 300 m、500 m、700 m 和 900 m 的水深的模拟结果。

基于上述结果，在深水环境中，海底基站式系统是首选勘探方法，而拖曳拖缆式系统能在浅水环境中发挥更好的作用。在我们所给出的例子中，海底基站式系统的不良勘探环境为水深 500 m。此外，拖曳拖缆式系统的最佳水深间隔为 300 ~ 600 m。在水深 400 m 处，这种勘探系统可以达到最佳勘探效果。

在目标深度情况下，两个系统对于深度目标的分辨率都存在问题。关于目标尺寸和水平分辨率的灵敏度，拖曳拖缆式系统在水平分辨率上有优势。当储层长度为 1 km 时，拖曳拖缆式系统可以提供清晰的电阻率图像，当储层距离为 1 km 时，它可以通过 Occam 的反演来区分两个储层。

然而，这些比较研究也存在一些局限性。首先，模型是一个简单的各向同性的二维模型。并且一维灵敏度模型和二维反演结果不足以充分描述三维和各向异性现象。海底基站式系统具有三维的数据采集的优势。其次，选择不同的反演参数可能导致不同的结果。测试更多的参数可以提供更好的反演结果。然后，对于一维灵敏度模型，没有考虑源和接收器的长度的影响。最后，这两种数据采集系统的技术在时时更新。在作者的研究中，没有考虑到这些新技术，例如用于拖曳拖缆式系统的双极源和双极接收器，这两种系统的深度拖曳设备技术等。

在未来，可以在三维领域和各向异性环境中测试灵敏度和分辨率的研究。可以测试更多 Occam 的反演以找出更好的参数。可以很好地估计海洋可控源电磁法建模的噪声。

第 4 章　地震相干度驱动的海洋 CSEM 稀疏反演

在第 3 章中，我们讨论了海底基站式和拖曳拖缆式数据采集系统的不同之处采用 Occam 算法反演合成数据以研究分辨率规律。由于反演参数的数量巨大，Occam 反演的计算成本很高。在本章中，我们提出了一种不规则的稀疏网格生成方法，这种稀疏网格可以在保持分辨率的基础上降低计算成本，相关的文章已经发表(Guo 等，2016)。

4.1　前言

一般情况下，通过建模与数据相拟合的反演技术，从可控源电磁(CSEM)实测数据中得到二维的电阻率图像或三维电阻率立方体为常见的手段(Zach 和 Frenkel，2009；Brevik 等，2009)。二维或三维大尺度的数据反演过程中，网格的单元离散技术显得尤为重要(Commer 和 Newman，2008；Gabrielsen，2009)。目前已经有地球物理学家使用地震勘探的成果约束可控源电磁数据反演(da Silva 等，2012；Brown 等，2012)。

反演过程中，模型的离散化是一项十分关键的技术。超精细的离散网格可以提供高分辨率的电阻率图像，但计算成本过高。对于可控源电磁法的反演问题，与地震图像相比，反演网格不需要如此高的精度，因为导电介质中的电磁波的分辨率有限，远不如地震图像提供的分辨率高。因此，最佳解决方案是通过稀疏网格进行反演，这样可以节省计算成本和物理内存。

选择反演模型网格的传统方法是精细的离散化网格(Constable 等，1987)。Key(2009)采用 Occam 的正则化反演算法通过搜索平滑模型拟合实测数据。Louis 等(2005)引入交错网格方法提高地震应用中的反演分辨率。交错网格法通过移动和合并多个低分辨率图像来显示高分辨率图像(Vesnaver 和 Böhm，2000；Arato 等，2014)。同时，使用交错网格电阻率层析成像方法减少来自反演过程的假异常。当使用较粗糙的交错网格时，用于反演的时间比精细网格的时间更少。

很明显，较粗糙的网格能够很好地降低反演问题的计算成本。Böhm 等(2000) 定义了一种基于 Delaunay 三角剖分和 Voronoi 镶嵌的自动网格化算法。这种算法还可以通过增加局部分辨率来使层析成像网格适应速度梯度。

传统的 Occam 反演采用的是非结构化网格(Constable 等，1987)。MARE2DEM 程序可以非常容易地生成非结构化的均匀三角形网格(Key 和 Ovall，2011；Key，2012)。尽管非结构化模型网格可以更容易地离散复杂的地质模型，但是使用地震图像中包含的地质结构信息，可以明显减少描述模型的所需的网格数量。一方面，粗网格有效地降低计算成本；另一方面，需要超细网格来离散模型的小尺度的细节。本章的主要目标是使用现有的地质结构的不规则网格替换非结构化均匀网格。地震图像可用于构建表示地质结构形状的不规则稀疏网格。这种稀疏网格由两部分组成：大尺寸的单元格描述预期电阻率相对平稳的区域，而电阻率变化较大的区域由小尺寸的单元格离散。总的网格数量会远远小于精细化离散的网格数量(Böhm 等，2000)。

在本章中，我们提出了一种用于可控源电磁法反演的不规则稀疏网格生成的方法。这种稀疏网格被定义为基于相干度的不规则(coherence-based irregular，IC) 网格，它是基于来自相干度的顶点和边的 Delaunay 三角剖分方法生成的。这里给出了 IC 网格生成方法的细节。并且测试两个合成模型展示不同网格的反演分辨率和计算成本。结果表明，使用 IC 网格的计算成本大大降低，而分辨率不会降低。

4.2 IC 网格生成方法

油气藏的电磁特征是具有较高的电阻率，但是可控源电磁法的空间分辨率很低。由于方法本身的约束，建立精细化网格对于得到反演结果的高分辨显得十分重要。

地震相干度也存在很多种不同类型的假异常。这些假异常会导致或疏或密的网格节点。而这些节点是不规则稀疏网格的重要组成部分。从地震相干度中提取的节点用于生成不规则的稀疏网格。地震的相干度的解释与电磁法反演网格的生成应该是一致的。在本书中，没有研究假异常在反演结果中的影响，但这可能会导致反演结果产生偏差。

生成 IC 网格包括三个主要步骤：(1) 生成地震相干度图像用以选取地震结构化特征；(2) 将角节点和地震反射边界提取为三角形网格生成的顶点和边；(3) 基于选取的顶点和边，建立 IC 稀疏网格。可控源电磁法反演的初始模型的网格包括地质结构特征，例如地层界面和断层，在二维网格中表现为三角形单元的边。

步骤(1)，基于 Tchon 等（2006）介绍的局部结构张量算法，我们从地震相干度图像中提取建立稀疏网格所需要的元素。根据图 4.1 中的地震图像［图 4.1(a)］，计算图像的相干度信息，得到的结果如图 4.1(b) 所示。地震相干度图像可以突出断层等信息以及图像的三种区域：平坦区域、边界、角点。提取地震图像和相干度图像中的特征信息，为构建结构化有限元稀疏网格提供相关信息。

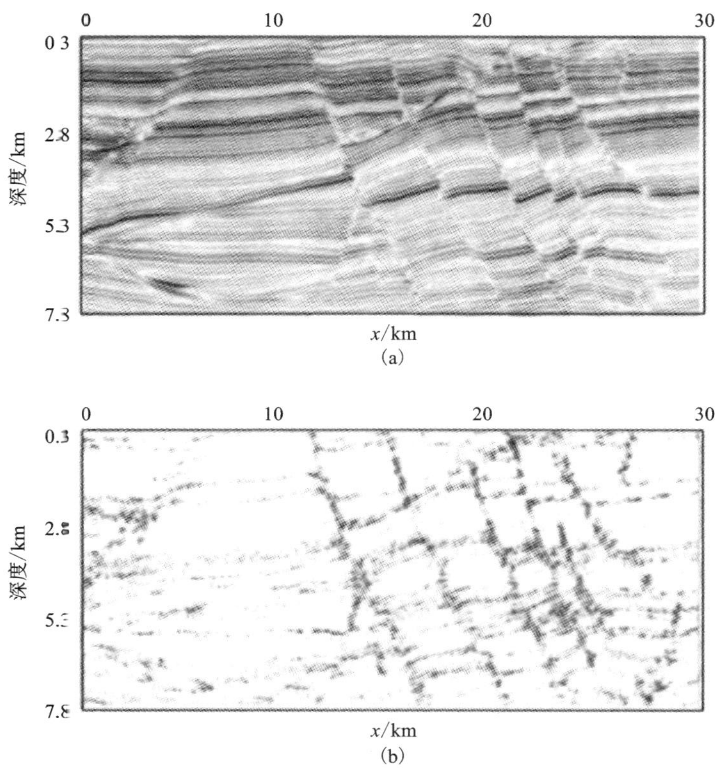

图 4.1　(a) 地震图像；(b) 地震相干度图像

步骤(2)，用 Harris 角点选取法(Harris 和 Stephens，1988) 从地震相干度图像中提取特征点。由于这些特征点是从地震相干度图像中选出的，因此在断层附近的采集密度会稍大，因此更容易生成数量很多的小尺寸的三角形网格。两个相邻顶点的距离，受到三角形网格最小尺寸的限制，这一限制可以根据目标体的尺寸定义。图 4.2 所示，红色点表示的是由图 4.1(b) 中提取的特征点，是用来生成三角形网格的顶点。

步骤(3)，基于图 4.2 中的特征点，生成稀疏网格。图 4.3 展示的是基于 MARE2DEM 程序生成的 IC 稀疏网格。

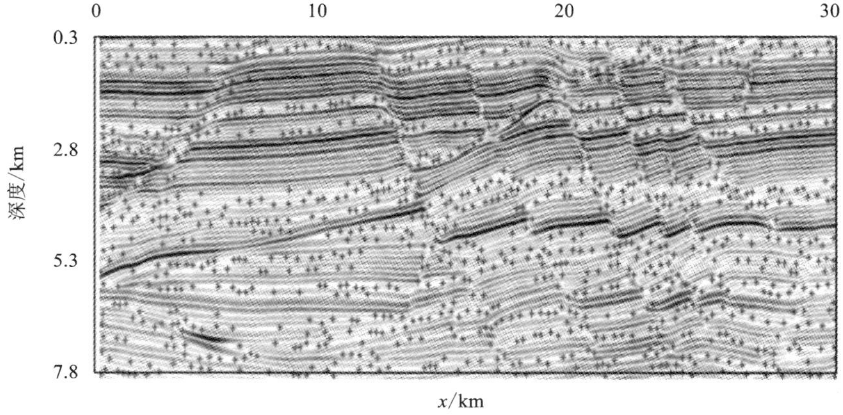

图 4.2　Harris 角点采样结果。红色点表示特征点的位置，背景是地震灰度图像

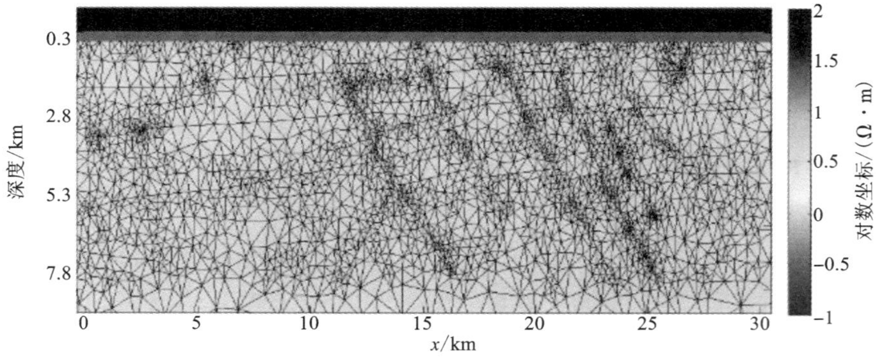

图 4.3　基于相干度的结构化稀疏网格

MARE2DEM 程序中的 Occam 反演方法首先由 Constable 等（1987）提出，再由 Key(2009）引入到海洋可控源电磁法反演中。相关的细节已经在第 2.5 节中有所介绍，这里做简要回顾：

$$\varphi = (\varphi_d - \varphi_d^*) + \lambda \varphi_m \tag{4.1}$$

式中，φ_d是数据拟合差。反演的终极目的是找出最优化的模型，使得目标函数 φ 最小化。这个最优化的模型不一定是最平滑的，但它可以是一个特殊的模型使得数据拟合差最接近数据目标拟合差φ_d^* 。φ_m是模型拟合差，它表示的是预测模型 m 与先验模型 m_0 的差别最小。系数 λ 被称为拉格朗日算子，用于平衡数据目标函数和模型目标函数。

为了寻找最佳模型，模型拟合差将会在达到数据拟合差之后开始平滑。Occam 反演中，RMS 拟合差的变化可以分为两个阶段。第一阶段，算法快速给出

λ，并计算数据拟合差，使得模型符合数据反演的要求，即 RMS 拟合差小于或等于 RMS 目标拟合差。一旦 RMS 拟合差满足条件，反演将会进入到第二阶段，在这一阶段，将会通过寻找最大拉格朗日算子 λ 去搜寻最佳模型，达到平滑模型的目的。

当给出初始模型 m_k，那么求 m_{k+1} 的模型迭代公式(2.60)：

$$m_{k+1} = [\lambda(\partial^T\partial + \boldsymbol{PP}) + (\boldsymbol{W}J_k)^T\boldsymbol{W}J_k]^{-1}[(\boldsymbol{W}J_k)^T\boldsymbol{W}\hat{d} + \lambda\boldsymbol{P}m_{\mathrm{ref}}] \quad (4.2)$$

其中

$$\hat{d} = d - F(m_k) + \boldsymbol{J}_k m_k \quad (4.3)$$

$\boldsymbol{J}_k$是雅可比矩阵，或者是线性化模型的响应梯度。$\boldsymbol{W}$ 是模型的权重矩阵。算子 F 是正演算子。$\boldsymbol{P}$ 是对角矩阵。

$$\boldsymbol{J}_k = \nabla_m F(m_k) \quad (4.4)$$

其中，矩阵的单元是

$$\boldsymbol{J}_{ij} = \frac{\partial F_i(m_k)}{\partial \lg \sigma_j} \quad (4.5)$$

其中：$i = 1, 2, \cdots, n$；$j = 1, 2, \cdots, m$，和 n 分别是数据和模型参数的数量。σ 是电导率。模型 m 是$\lg\sigma$ 的矢量。J_k 是第 k^{th}次迭代的雅可比矩阵。

我们定义了均方根误差(RMS 拟合差) 作为反演结果的评价标准。

$$\mathrm{RMS} = \sqrt{\frac{1}{n}\sum_{i=1}^{n}\left\{\frac{d_i - F_i[m(\lambda)]}{\delta E_{xi}}\right\}^2} \quad (4.6)$$

其中：n 是反演数据的数量；δE_{xi}是第 i^{th} 个数据的不确定度。

公式(4.2) 和公式(4.3) 给出的是 Occam 反演中第一阶段的几个方面的计算成本，包括雅可比矩阵计算，模型迭代和正演计算。

4.3 算法案例

这里，我们举了一个合成数据的例子，作为算法验证的案例。案例的电阻率模型如图 4.4 所示，这是一个二维各向同性的电阻率模型。图中的结构取自与图 4.1(a) 和图 4.1(b) 的地质结构。这一模型包含了一个高电阻率的油藏模型 (100 Ω · m)，长度4.4 km，厚度100 m。背景低电阻率模型中包含了图4.1(a) 中的地质结构，背景电阻率同样是各向同性的。表 4 - 1 给出了不同层的电阻率参数。电阻率薄层的顶部埋深 z = 1500 m，同时定义海平面的高度 z = 0 m。合成数据的采集频率是0.25 Hz 和0.75 Hz。数据添加了 3% 的高斯噪声，噪声水平是 10^{-15} V/Am^2。海底接收器的间距为 1 km，水平电偶极子源的信号发射间隔为 200 m。

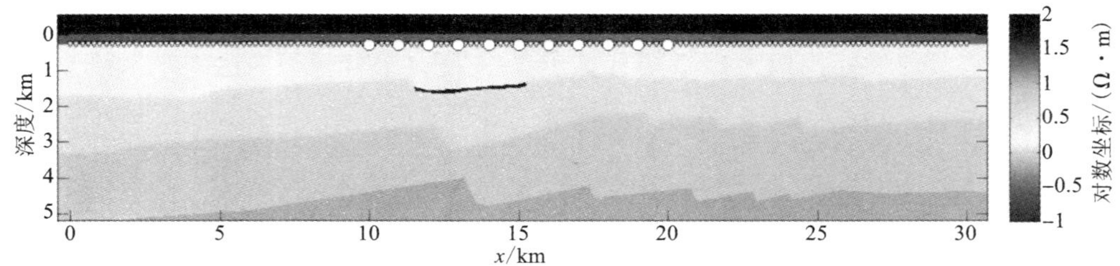

图 **4.4**　电阻率模型。白色圆点和三角形分布代表了接收器和源的位置

表 4－1　测试模型的电阻率参数

地层	电阻率/(Ω·m)
海水层	0.3
沉积层 1	1.0
沉积层 2	3.0
沉积层 3	5.0
基底	10.0
油藏模型	100.0

图 4.5(a) 所示的是以往生成的常规密集网格(RD)。如果三角形的大小足够小，则此网格可以描述任何复杂的地质结构特征。为了降低计算成本，图 4.5(b) 给出了规则的稀疏网格(RS)。如果我们知道地质特征，我们也可以生成基于地质界限的不规则密集(IH) 网格，如图 4.5(c) 所示。IH 网格同样受到地震图像特征的约束。最后，我们使用所提出的方法构建 IC 稀疏网格，如图 4.5(d) 所示。为了研究 IC 稀疏网格的分辨率和计算成本，我们使用这四种网格反演合成的海洋可控源电磁法数据。

我们使用这四种不同网格反演海洋可控源电磁法数据。为了比较四种不同网格的反演结果，我们只考虑反演第一阶段，数据拟合差的收敛情况，因此选择了前 10 次的迭代反演结果，这里的 RMS 拟合差略高于目标拟合差。Occam 的反演结果使用 MARE2DEM 计算，图 4.6 显示了反演结果与真实电阻率模型。

尽管我们使用包含 14600 参数的 RD 网格反演可控源电磁法数据，但如图 4.6(a) 所示的电阻率图像的分辨率也无法比拟地震图像。反演的高电阻率异常厚度约为 300 m(真实值为 100 m)。但是，在地球物理勘探中这样的图像足以用于地球物理定性解释。

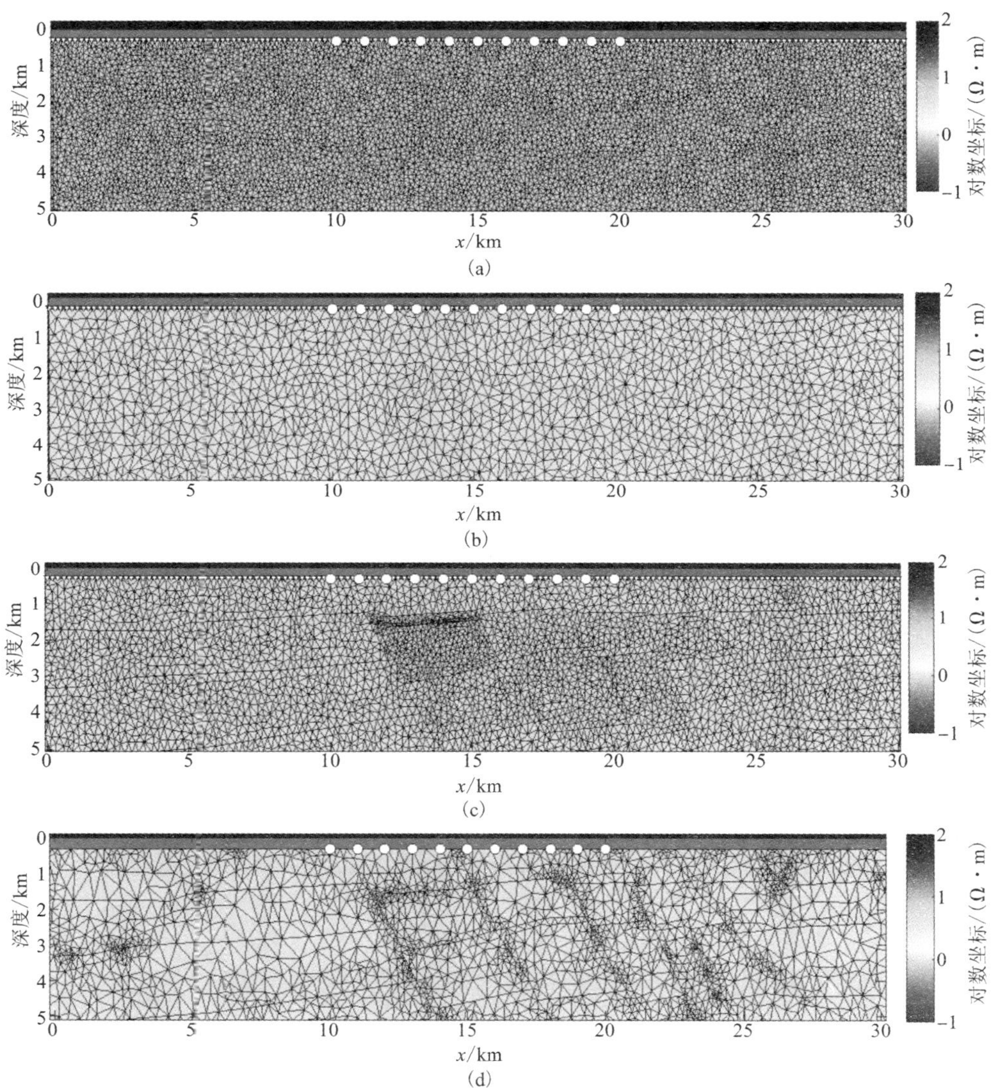

图4.5　Occam反演算法的初始模型

(a) RD网格14600个单元；(b) RS网格6700个单元；(c) IH网格12900个单元；(d) IC网格5900个单元

当使用RS网格时，反演参数的数量减少到6700个单元，三角形单元格的尺寸大于RD网格的尺寸。由于模型由较少的参数表述，因此Occam反演降低了每次迭代的计算成本。但是使用RS网格[图4.6(b)]的反演结果的分辨率远不如使用RD网格的结果[图4.6(a)]。

与 RD 网格相比，IH 网格的反演的自由参数略少。图 4.6(c) 所示的 IH 网格图像的高电阻异常强于 RD 网格的高电阻异常，如图 4.6(a) 所示。

与 RS 网格的电阻率图像不同，使用图4.6(d) 所示的IC网格的电阻图像具有良好的分辨率，尽管反演参数的数量小于 RS 网格的数量。IC 网格的反演参数(5900) 不到 RD 网格的一半。然而，使用 IC 网格的电阻率图像可以得到与 RD 网格一样好的分辨率。此外，IC 网格反演的图像的异常体下方区域具有更好的分辨率，而 RD 网格的电阻率图像在此处存在假异常，如图 4.6(a) 所示。因此，IC 网格的电磁数据反演具有比 RD 网格更好的分辨率。

IC 网格具有与 RS 网格类似数量的参数，但 IC 网格可以提供与 RD 网格类似的反演图像的高分辨率。且储层的异常区域比 RS 网格的反演结果更强烈，如图 4.6(b) 所示。IC 网还可以预测储层异常下方的断层区域。

IH 网格的反演在所有的网格中具有最佳分辨率。即使 IC 网格的电阻率图像也不如 IH 网格的分辨率高。然而，与图 4.6(e) 所示的真实模型相比，IC 网格的电阻图像具有类似的地层结构。可用于解释薄层高电阻率异常和基底异常。

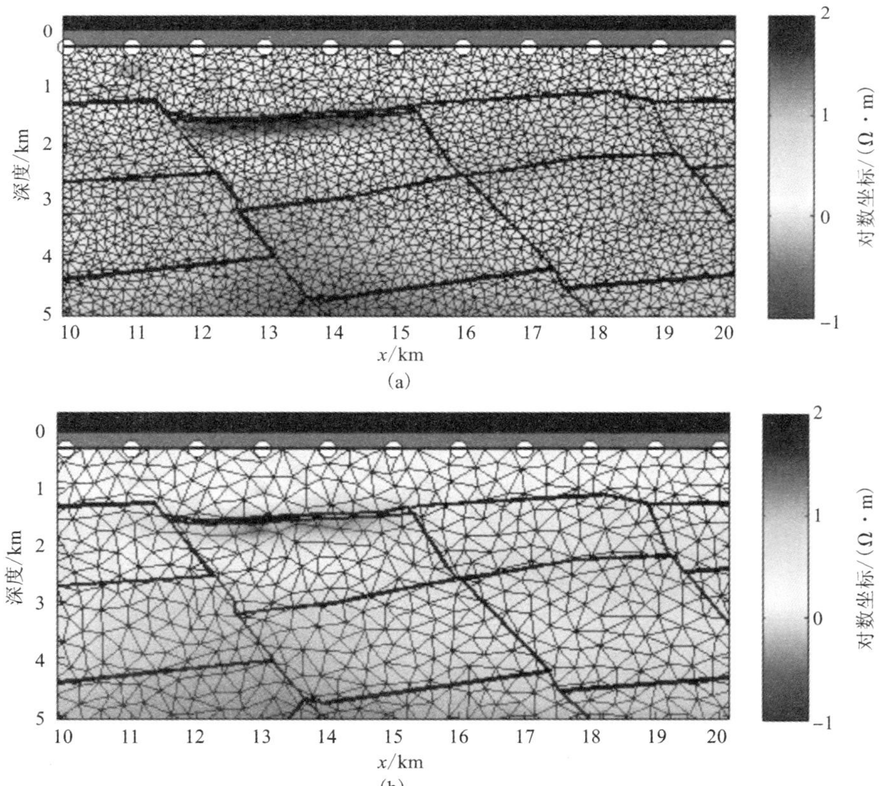

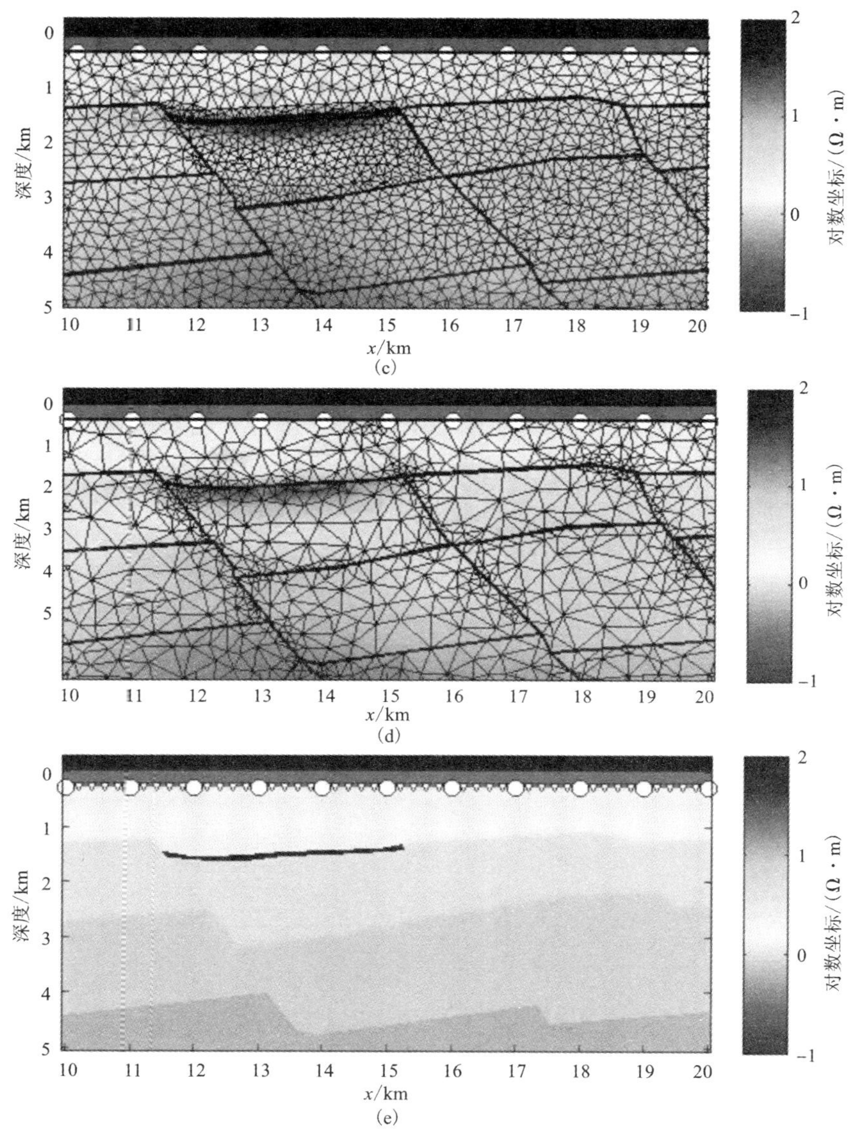

图 4.6　CSEM 数据得反演结果

(a)RD 网格；(b)RS 网格；(c)IH 网格；(d)IC 网格；(e) 生成合成数据的真实模型

图4.7给出了相位第一阶段的RMS拟合差随迭代次数的收敛情况，目标拟合差为1.20。由于每次迭代的RMS拟合差的差异很小，因此很难确定哪种方法收敛得更快。IC网格的计算成本与RD网格相同，具有相同的收敛速度。因此，有必要分析 Occam 反演中不同部分的具体运算时间。

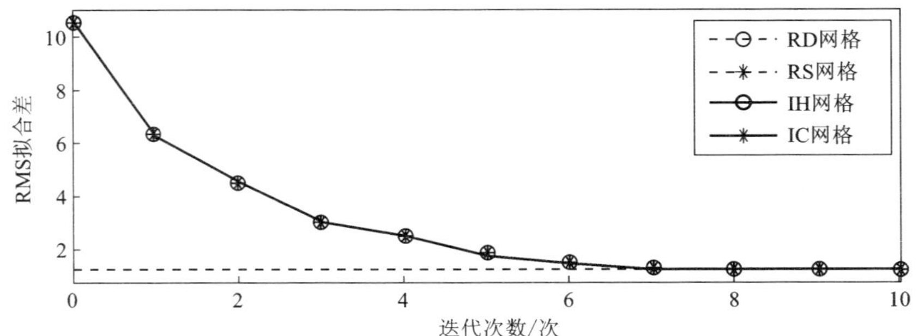

图 4.7　不同网格反演的 RMS 随迭代次数变化的曲线

总累计计算时间如图 4.8 所示。它随着迭代次数增加而增加，这与网格中的反演参数的数量有关。因此稀疏网格节省了计算时间和物理内存。IC 网格优化了节点位置，因此反演问题中的参数数量减少了许多，因此它的执行速度更快。此外，IC 网格和 RS 网格的反演成本之间几乎没有差别。

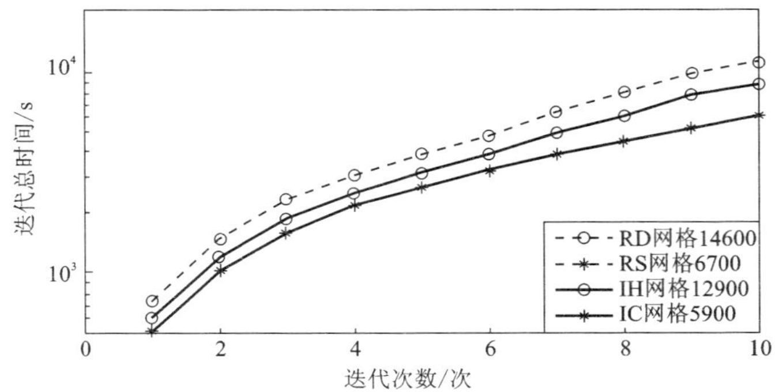

图 4.8　不同网格反演的总耗时随迭代次数变化的曲线

每次迭代中 Occam 反演的成本包括三部分：雅可比矩阵计算，模型迭代更新的矩阵运算和正演模拟。如图 4.9 所示，每次迭代中各个部分的计算时间以对数坐标绘制。对于图4.9(a) 所示的雅可比计算时间，四种不同的网格的消耗时间大致相同。但是模型迭代更新的成本与反演网格中单元格数量成正比。如图 4.9(b) 所示，IC 网格在模型迭代更新上的计算成本中更具优势。此外，稀疏网格还可以节省正演模拟的时间，如图4.9(c) 所示。正演模拟的成本也是所有迭代的累计时间。如果每次迭代的正演模拟调用的数量相同，则累计的计算成本与迭代次数呈线性函数关系。

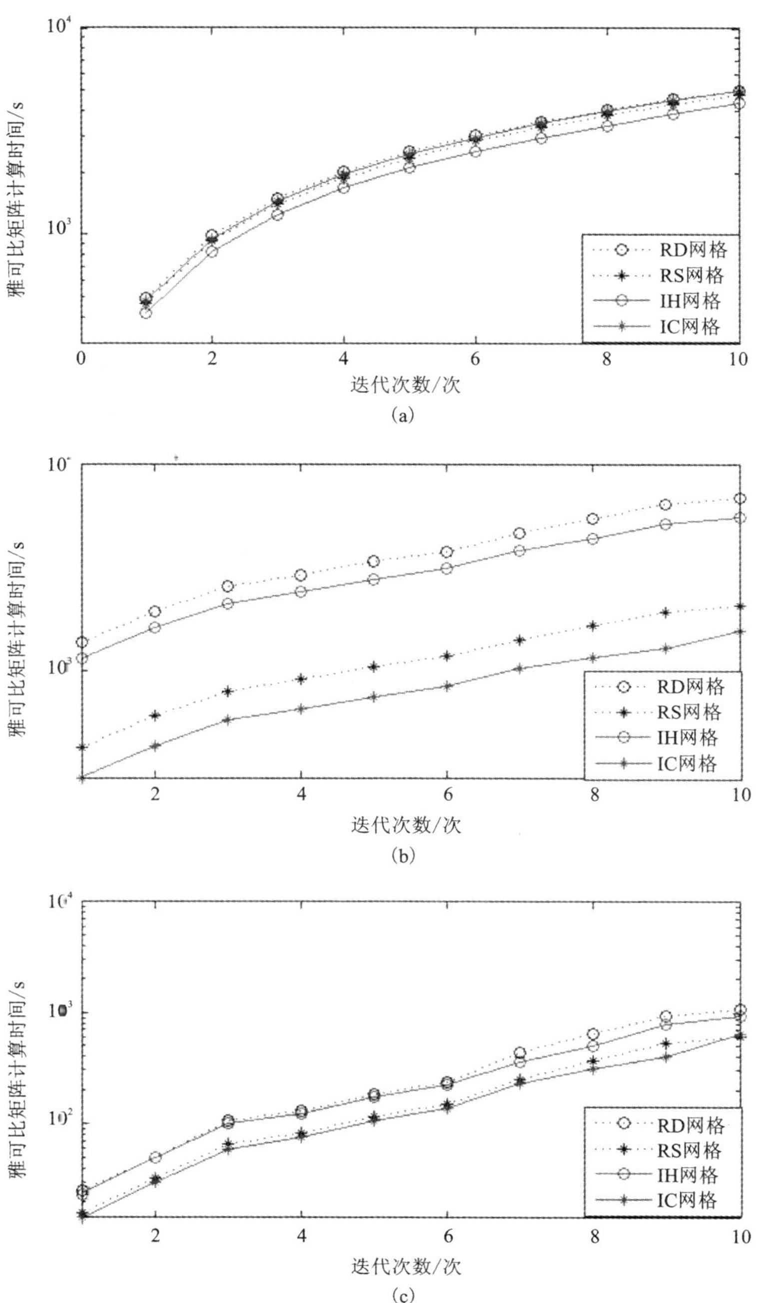

图 4.9　不同网格反演的计算时间随迭代次数变化的曲线

（a）计算雅可比矩阵；（b）模型迭代；（c）正演

各个部分反演所用时间统计如图4.10所示。雅可比矩阵计算成本，四种网格的时间相差不大。对于10次反演迭代的总和，正演模拟的时间不超过1000 s。与密集网格RD和IH相比，稀疏网格RS和IC在雅可比矩阵计算上节省了一些时间。显然，稀疏网格在模型更新迭代上的计算时间更具优势，因为减小矩阵维度而降低计算成本。然而，计算时间不仅取决于雅可比矩阵计算，矩阵运算和正演模拟计算，还取决于正演模拟调用时间和迭代的数量。

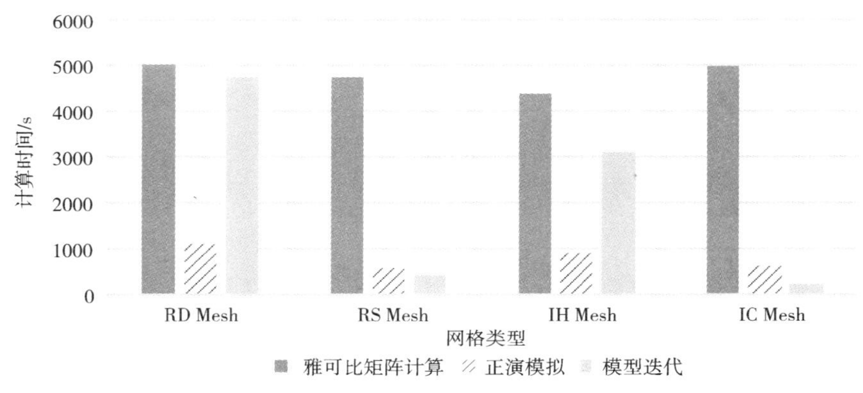

图4.10　不同网格反演的总耗时统计

如果我们只考虑反演第一阶段的计算时间，稀疏网格在节省计算成本和物理内存方面更具优势。然而，Occam 反演的总用时也取决于第二阶段的计算时间。在第二阶段中，Occam 反演通过平滑模型的方式寻找更加拟合数据的模型，并且调用正演模拟使模型正规化。因为网格对正则化和平滑有影响，所以第二阶段中的计算时间是不可预测的。

减少反演参数可以节省计算成本。问题是，是否有可能给出可参考的模型参数数量在既能保证 RMS 拟合差的同时又能兼顾反演质量，得到比较满意的反演结果。IC 稀疏网格的单元格数量由地震相干度图像中提取的顶点数量确定的。为了解决这个问题，我们测试了三种不同的模型，其中顶点数量分别为 500、750 和 1000，用于生成起始网格。反演参数的数量分别为 3100、3800 和 5400。IC_500、IC_750 和 IC_1000 的反演结果如图 4.11 所示。

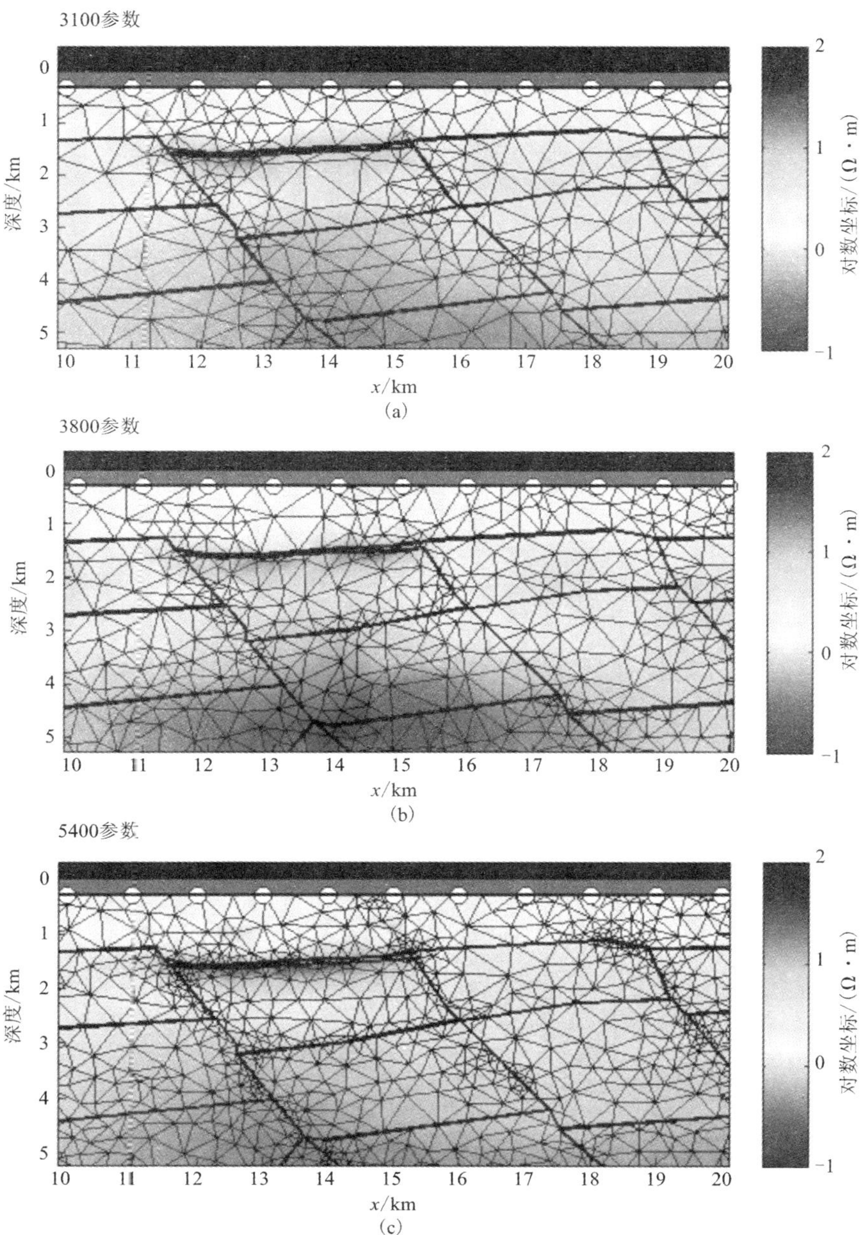

图 4.11　IC 稀疏网格的 CSEM 数据反演结果。生成 IC 网格的节点数不同

(a) 500 个顶点；(b) 750 个顶点；(c) 1000 个顶点

由于储层异常微弱，IC_500 网格反演的电阻率图像的分辨率较低。IC_750 的电阻率图像中能够看得出高电阻率的基底。然而，反演结果的储层异常太厚，这是由于单元格的尺寸过大。过于粗糙的稀疏网格会导致电阻率图像丢失异常体的细节。比较计算成本，Occam 反演所需的总时间如图 4.12 所示。显然，使用较少的参数，总时间不会减少太多。原因是 RS 和 IC 网格的计算时间相差不大，如图 4.10 所示。对于 RS 和 IC 网格，计算成本主要来源于计算雅可比矩阵。稀疏网格通过提供快速模型更新来降低成本。因此，当正演模拟和模型更新都只占总成本的一小部分时，减少的参数数量不会减少太多计算时间。因此，IC_1000 具有与 IC_750 和 IC_500 的反演时间接近。

IC 网格无法降低计算雅可比矩阵的时间。结合其他方法，例如，low - rank 近似方法（Amaya 等，2014）来减少正演模拟的模型参数和减少雅可比矩阵的存储器要求，或许可以解决这一难题。

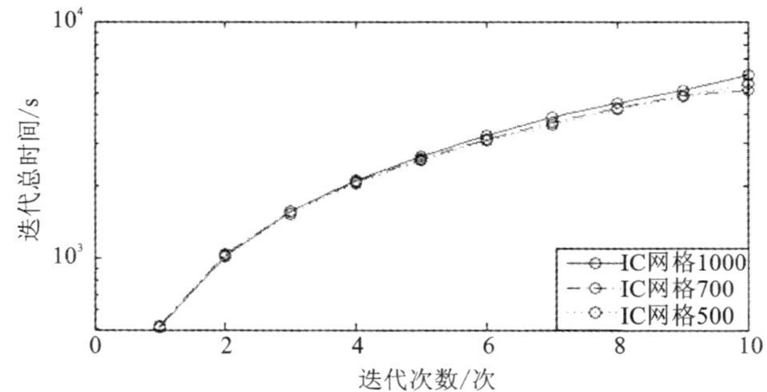

图 4.12　不同 IC 稀疏网格的 CSEM 数据反演总耗时

为了测试 IC 网格可控源电磁法反演的水平分辨率，我们测试了两个储层的模型，如图 4.13(a) 所示。二维电阻率模型如图 4.13(e) 所示。真实的二维模型由两个储层(100 Ω · m) 组成。浅层油藏模型位于 x 方向 11.5 ~ 15.5 km，埋藏在海底以下 1.5 km 处，厚度为 100 m。深油藏模型位于 x 方向 16 ~ 19.5 km，埋藏在海底以下约 2 km 处，厚度为 200 m。将目标体嵌入均匀的各向同性导电分层背景(1 Ω · m，3 Ω · m，5 Ω · m，10 Ω · m) 中。反演网格与图 4.5 中给出网格相同。其反演结果如图 4.13 所示。

在所有 Occam 反演结果中，两个高阻异常由储层引起的。结果显示 IC 网格的 Occam 反演结果的水平分辨率不如 RD 网格的电阻率图像高。常规网格的反演结果在储层异常下方具有两个低电阻假异常，这是由于上覆的高阻异常的影响。RD 网格的结果很好地呈现了浅部和深部两个异常。RD 致密网格可以很好地描述地下介质电阻率分布。在非均匀分布的系数网格中，地质结构附近具有更细小的网格用以描述地质结构是十分重要的。与常规网格相比，IC 网格提供了更加平滑的电阻率图像，其中电阻率异常受地质结构约束。

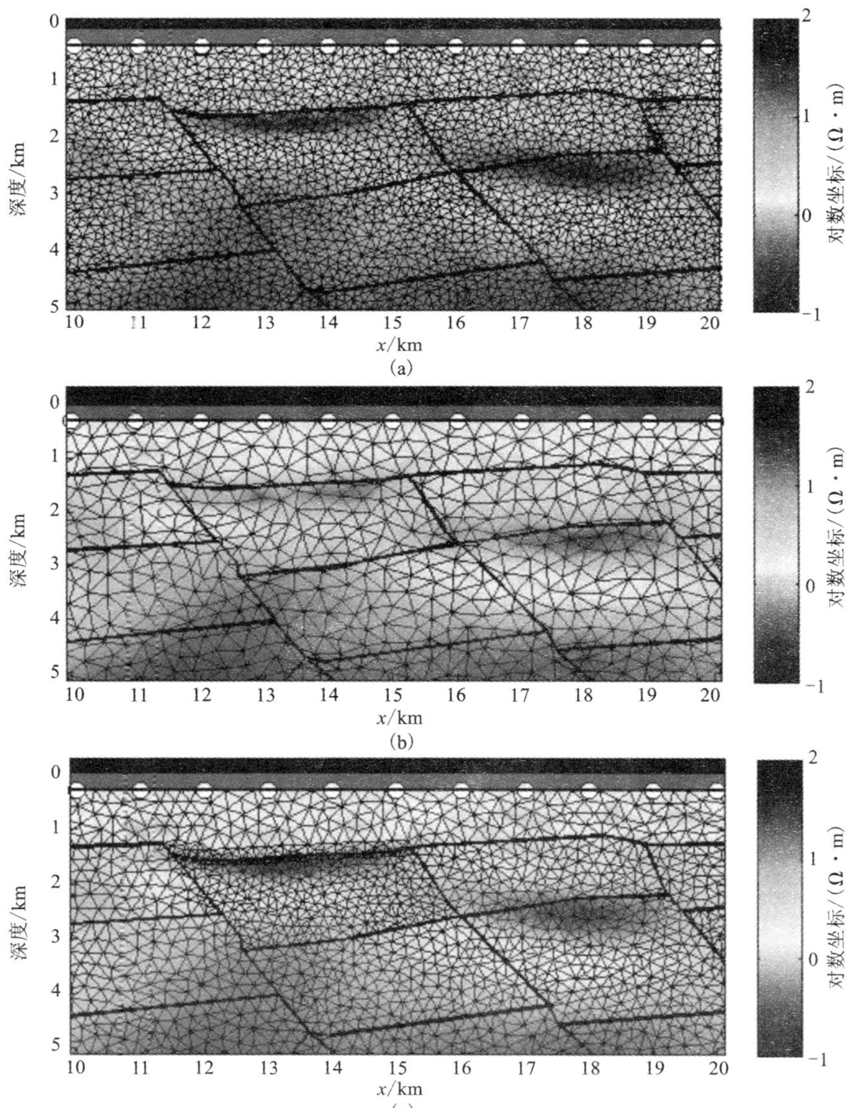

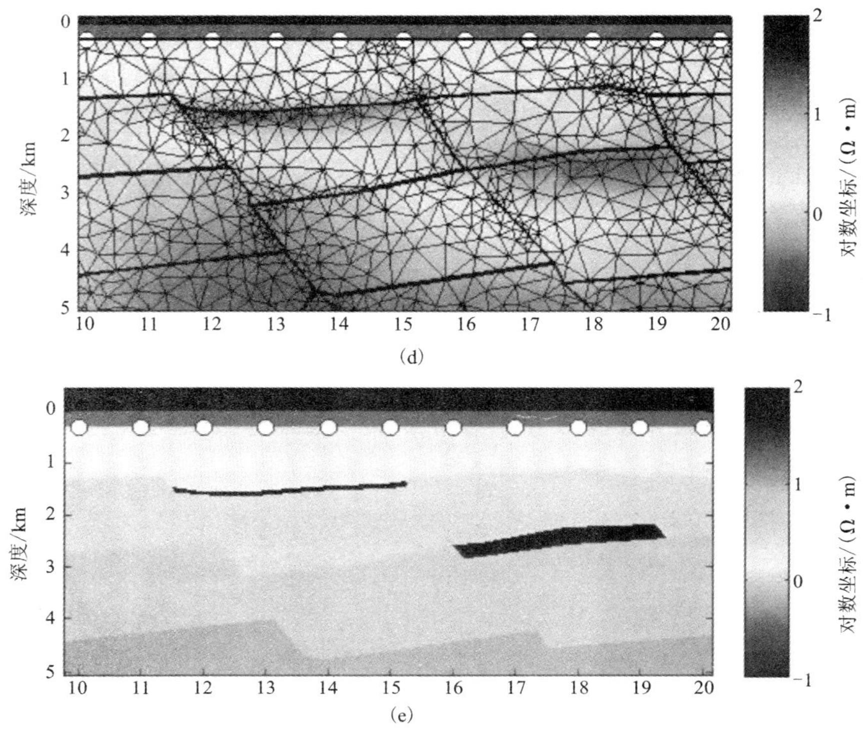

图 4.13　CSEM 数据的反演结果

(a)RD 网格；(b)RS 网格；(c)IH 网格；(d)IC 网格；(e) 生成合成数据的真实模型

反演的目标 RMS 拟合差是 1.20。图 4.14 给出了不同网格中 Occam 反演的 RMS 拟合差 z。Occam 反演 RMS 拟合差在第 8 次迭代中达到了目标拟合差。表 4-2 中列出了不同网格方法的性能的比较结果。

表 4-2　不同网格的反演结果比较

网格	分辨率	反演耗时
RD	高	高
RS	低	低
IH	高	高
IC	高	低

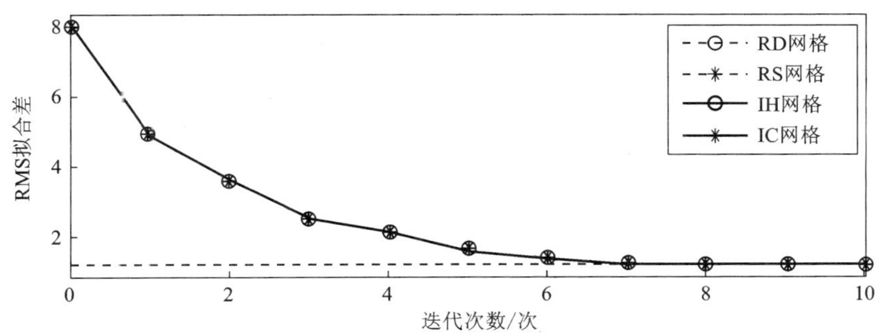

图 4.14　不同网格反演的 RMS 随迭代次数变化的曲线

4.4　讨论与结论

通过模拟数据的案例分析，我们测试了 Occam 反演方法在四种不同网格的结果。IC 稀疏网格可以提供与 RD 网格同样高的分辨率。与 RS 网格相比，IC 稀疏网格具有高分辨率的优势。但是，由于电磁法勘探本身的限制原因，其分辨率无法与地震勘探方法相比。

IC 稀疏网格可以减少计算成本，同时保持精细规则网格一样好的分辨率。这种方法大大节省了模型更新时间。通过减少未知参数的方法来减少总反演时间。IC 稀疏网格降低了模型更新的矩阵运算的计算成本。当模型更新的计算成本占总时间的一小部分时，计算雅可比矩阵占据计算总成本主导地位，总反演时间趋于恒定，与所选的 IC 稀疏网格的单元格数量相关度低。

正演模拟的成本取决于网格的节点数量和正演问题的解决方法。在本章中，我们在四种不同的网格上使用相同的数值求解器。所以计算成本的差异主要来自生成网格的节点数量。

反演分辨率取决于从地震相干度图像中提取的单元格顶点的数量。具体的数量值的选取更多的是靠经验，这一部分的内容将会在以后的研究中进行改进。

我们也给出了水平分辨率的测试案例，IC 稀疏网格为 Occam 反演提供了良好水平分辨率。我们通过模拟数据的反演实例证明，IC 稀疏网格的分辨率和计算成本为解决空间分辨率和计算成本之间的矛盾问题上提供了折中的策略。我们已经证明 IC 稀疏网格适用于电磁反演，并展示了相关的结果。结果表明，IC 稀疏网格可以显著降低大尺度的海洋可控源电磁法反演问题的高计算成本。

第5章　图像引导正则化海洋电磁反演

在这一章，我们引入了不规则稀疏网格用于降低计算成本。基于这种稀疏网格，我们提出了一种正则化方法提高 Occam 反演质量。这种正则化方法使用从地震图像的度量张量场计算的非欧几里得距离代替空间几何距离的方法约束电磁反演。由于度量张量场来源于地震图像，从而在模型平滑过程中添加了地震图像结构的信息。

5.1　前言

在过去的二十年中，海洋电磁反演问题的解决方案已经成功地被应用于海上石油勘探，正如综述文献(Constable, 2010; Key, 2012a) 中介绍的。可控源电磁数据对孔隙流体介质中的具有高电阻率的碳氢化合物流体具有高度的灵敏性。然而，从地球表面测量的可控源电磁数据中寻找描述地下电阻率变化的三维模型在数学上属于不适定的反演问题(McOwen, 1996)。为了得到该问题的稳定解，正则化方法被引入到地球物理学的反演当中(Constable 等, 1987; Newman 和 Alumbaugh, 2000; Zhdanov 等, 2007; Abubakar 等, 2008; Newman 等, 2010)。

在数学和统计学中，特别是在反演问题领域，正则化方法涉及引入额外信息解决不适定问题或者防止反演过程中的过度拟合。最典型的正则化反演例子是由 Constable 等(1987) 提出并使用粗糙度惩罚矩阵平滑模型。有时反演需要更清晰、更加尖锐的模型。通常使用 L2 范数约束惩罚矩阵的模型梯度(de Groot - Hedlin 和 Constable, 2004; Hoversten 等, 2006; Hansen 和 Mittet, 2009)。

海洋大地电磁方法使用天然场的低频电磁波数据来描绘地下电阻率图像。大地方法的理论最早是由 Tikhonov(1950) 和 Cagniard(1953) 发现并提出的。适用于深海勘探的海洋大地电磁和可控源电磁法的第一台设备由 Charles Cox 和 Jean Filloux 在 20 世纪 60 年代初开发的(Constable 和 Cox, 1996)。虽然海洋大地电磁勘探始于20世纪70年代(Constable, 1990; Baba, 2005)，但是海洋大地电磁法作为地震勘探方法的补充，很早就被用于商业化的勘探中(Constable 等, 1998)。海洋大地电磁技术的发展历史已经多次在综述性文章中出现，这里就不详细说明

(Baba, 2005; Constable, 2010; Key, 2012a)。

电磁数据对高电阻目标具有高灵敏度，例如被沉积层包裹的油气储层。但是，电阻率的反演图像的分辨率远远低于地震图像。结合电磁和地震数据的优点可以提高地球物理的勘探成功率。基于地震和电磁模型具有相同地质结构，可以使用联合反演方法解释数据。但联合反演方法计算成本通常都很高。

Brown 等(2012) 提出了一种替代方法，通过使用分辨率更高的地震全波形反演(FWI) 来提高电磁反演算法的垂向分辨率，从而实现联合反演。在这篇文献中，用地震速度约束电磁数据反演的正则化权重。同样,Wiik 等 (2015) 提出了一种 Tikhonov 型结构平滑正则化方法，即海洋可控源电磁法反演离散化更加符合地震信息。类似地，结合已有的先验信息，贝叶斯方法成功地被应用于可控源电磁法反演计算中(Ray 和 Key, 2012; Ray 等, 2014)。

在图像引导的插值方法中，Hale(2009a, 2009b) 提供了一种计算地震图像结构张量的张量场和相干性的方法。他提取了地震图像的每个像素的结构张量。使用这些张量表示像素的幅度和方向。结构张量的方法已被证明可以提高地震数据的全波形反演精度(Ma 等, 2012)，其中地质结构信息用于约束反演计算问题。那么，如何将这种高分辨率地震图像有效地结合到电磁反演中呢?

Zhou 等(2014a, 2014b) 利用了图像引导的高斯 - 牛顿反演方法反演直流电法数据。该方法从地质雷达(GPR) 图像中提取结构信息并且将其结合到直流(DC) 电阻率数据的反演中。在 Zhou 等(2014a, 2014b) 的文章中，假设结构信息是完全已知的。之后，Zhou 等(2016) 又开发了图像引导的结构约束反演方法，结构信息适用于马尔可夫链蒙特卡罗(MCMC) 采样器和自适应移动平均算法(AMA)。

在第 4 章，我们介绍了利用结构张量生成电磁反演网格的算法，基于地震相干度图像提取的顶点和边用于生成不规则稀疏网格(Guo 和 Dong, 2015; Guo 等, 2016)。因此，基于相干度的不规则稀疏网格为 Occam 反演提供高水平分辨率地震图像的约束。

在本章中，我们研发了一种通过结构张量正则化的方法改进基于稀疏网格的反演结果。由于地震图像解释的不确定性，我们没有考虑地震假异常对电磁反演结果的影响，所以这可能会在反演结果中引入偏差。通过使用地震图像的约束，可以提高电磁数据反演的垂向和水平分辨率。为此，我们使用非欧几里得距离替换了相邻参数之间的空间几何距离。这种做法可以带来的优势是：沿着地质特征，参数变化不大；但是，地质界限的两边，在平滑的过程中允许有更大的差异。当空间距离被更小的非欧几里得距离代替时，新模型权重将远大于旧模型权重。因此，正则化将使模型沿着地质特征的方向进行平滑。

我们发表了基于相干度的不规则稀疏网格和图像引导的正则化反演方法。这些方法被成功应用于海洋可控源电磁法和大地电磁的合成数据，以及 Troll 地区海洋可控源电磁法的实测数据(Gabrielsen 等，2009) 的案例中。对于海洋可控源电磁法和大地电磁合成数据案例，Occam 反演不仅测试了单一的数据，还做了联合反演测试。

5.2 正则化反演问题

Occam 反演的无约束正则化目标函数，在公式(2.52) 中已经给出。目标函数包括两个部分。第一项称为数据拟合差，其中表达式由公式(2.53) 给出；第二项是正则化项，由公式(2.56) 给出。

$$\varphi_m = \| Rm \|^2 + \| P(m - m_{ref}) \|^2 \tag{5.1}$$

在公式(5.1) 中，第一项是粗糙度矩阵，通过运算符 R 计算模型向量 m 的元素。这里的模型参数 m 采用的是电导率的对数 $\lg\sigma$ 向量，而 R 为计算参数单元和具有相同边缘或节点的相邻单元之间的模型差异的矩阵。第二项是模型参数 m 与先验模型 m_{ref} 的差异的矩阵。对角矩阵 P 用来确定模型粗糙度之间的相对加权。

Occam 反演中的正常模型粗糙度正则化 $\| Rm \|^2$ 取决于有限参数区域，以及给定参数与周围参数之间的空间距离。在离散问题中，粗糙度惩罚矩阵如下：

$$\| Rm \|^2 = \sum_{i=1}^{np} \sum_{j=1}^{nb} \frac{A_j}{A_{\mathrm{sum}}} \left(\frac{\Delta m_{ij}}{\Delta r_{ij}} \right)^2 \tag{5.2}$$

其中：np 是反演参数的数量；nb 是相邻单元格数量；A_j是第 j 个单元格面积；A_{sum} 是所有相邻单元格面积之和；Δr_{ij} 是两个相邻单元格中心点的几何距离。

然而在很多例子中，反演的模型平滑过程并没有考虑地质结构，因此，在与相邻的单元格平滑时，反演并没有地质结构的方向性。根据地震图像所提供的信息，用各向异性的正则化方法可以取代公式(5.2) 中的各向同性正则化参数。

5.3 图像引导的正则化反演

在本节中，我们介绍 Occam 反演的图像引导正则化方法。首先，我们从地震图像中提取结构张量和度量张量场。然后，我们建立基于相干度的稀疏网格作为电磁反演的初始模型网格。最后，我们使用非欧几里得距离来修正平滑正则化项。

5.3.1 结构张量和度量张量

给定地震图像，可以计算其结构张量场(Guo 和 Dong，2015)。地震的灰度图像中的每个像素的范围从 0 表示白色到 1 表示黑色。结构张量场经常用于图像处理工作(Weickert，1999；Köthe，2003；Fehmers 和 Höcker，2003；Baghaie 和 Yu，

2015)。假设给定图像 $I(x; z)$，结构张量是基于 I 的梯度，其通常定义为：

$$S_\sigma = \begin{bmatrix} I_x^2 * G_\sigma & I_x I_y * G_\sigma \\ I_y I_x * G_\sigma & I_y^2 * G_\sigma \end{bmatrix} = \begin{bmatrix} S_{xx} & S_{yy} \\ S_{xy} & S_{yy} \end{bmatrix} \tag{5.3}$$

其中：* 表示卷积；G_σ 是具有标准偏差 σ 的高斯函数，如公式(5.4) 所示，并且 I_x 和 I_y 分别是每个像素处的梯度向量的水平和垂直分量。

$$G_\sigma(x, y) = \frac{1}{2\pi\sigma^2} e^{-\frac{x^2+y^2}{2\sigma^2}} \tag{5.4}$$

图像向量的特征由结构张量的特征值和特征向量分别提供。特征值和特征向量的分解在文献中 Fehmers 和 Höcker(2003) 给出：

$$S_\sigma = \lambda_1 \boldsymbol{u}\, \boldsymbol{u}^T + \lambda_2 \boldsymbol{v}\, \boldsymbol{v}^T \tag{5.5}$$

其中：λ_1 和 λ_2 表示特征值；并且 $\boldsymbol{u}$ 和 $\boldsymbol{v}$ 表示半正定对称矩阵 S_σ 的对应特征向量。$d_1 = \lambda_1^{-2}$；$d_2 = \lambda_2^{-2}$；d_1 和 d_2 是椭圆的“半短” 和“半长” 轴。矢量 $\boldsymbol{e}_1$ 和 $\boldsymbol{e}_2$ 表示张量的方向。两个特征向量计算如下：

$$\lambda_1 = \frac{1}{2}[S_{yy} + S_{xx} - \sqrt{(S_{yy} - S_{xx})^2 + 4S_{xy}^2}] \tag{5.6}$$

$$\lambda_2 = \frac{1}{2}[S_{yy} + S_{xx} + \sqrt{(S_{yy} - S_{xx})^2 + 4S_{xy}^2}] \tag{5.7}$$

显然，特征值 λ_1 小于 λ_2。张量几何结构如图 5.1 所示。

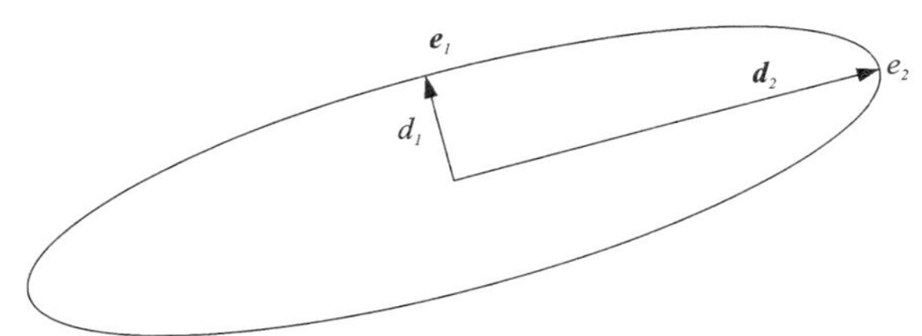

图 5.1　结构张量的几何图形表示

可以从特征值定义图像中的三种类型的区域，它由位置结构张量计算(Tchon 等，2006)。这些是平坦区域($\lambda_2 \approx \lambda_1 \approx 0$)，边界($\lambda_2 >> \lambda_1 \approx 0$) 和角点 ($\lambda_2 \approx \lambda_1 >> 0$)。

两个特征值之间的相对差异是判断梯度各向异性程度的标准，它表示偏向特定方向的强度。相干度可以依据特征值定义为：

$$c = \frac{(\lambda_1 - \lambda_2)^2}{(\lambda_1 + \lambda_2)^2} \tag{5.8}$$

举一个简单的地震图像的例子，并计算出结构张量场和度量张量场，如图 5.2 所示。

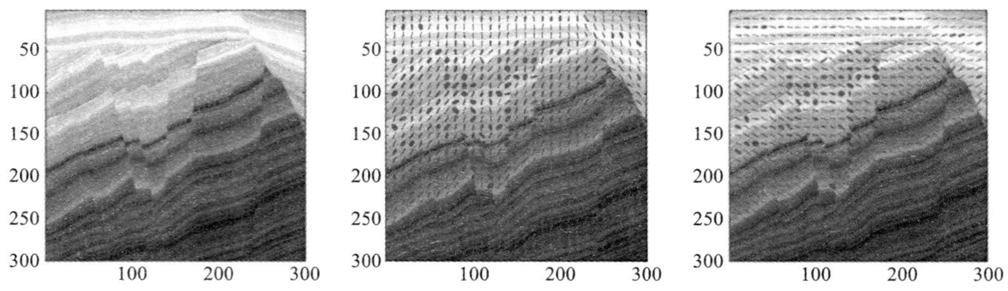

图 5.2 地震图像(左)、结构张量(中)、度量张量(右)

5.3.2 基于相干度的稀疏网格

地震相干度可以改善地震图像的垂直分辨率。地震相干度图像曾被用于构建约束电磁反演的不规则稀疏网格(Guo 和 Dong, 2015)。稀疏网格由 Delaunay 三角网格基于节点和线段生成。基于地震相干度图像，三角形网格节点通过 Harris 角点检测方法(Harris 和 Stephens, 1988) 提取出来。地层和断层信息则从地震图像中提取出来。

5.3.3 图像引导的正则化

非欧几里得距离$\hat{r}$ 由下式给出:

$$\nabla\hat{r}(x) \cdot D(x)\ \nabla\hat{r}(x) = r_{ij}^2 \tag{5.9}$$

其中: $\hat{r}(x)$ 是相邻的两个单元中心点间最小的非欧几何距离; $D(x)$ 是地震图像中的度量张量; r_{ij}是相邻两个单元格中心点之间的几何距离。

图像的度量张量场 $D(x)$ 是由结构张量场 $S(x)$ 和相干度 $c(x)$ 计算得到的:

$$D(x) = \frac{S^{-1}(x)}{1 - c(x)} \tag{5.10}$$

其中 $0 \leqslant c(x) < 1$ 是根据公式(5.8) 计算得到的。在这个方程中度量张量的特征值是结构张量特征值的倒数。度量张量和结构张量具有相同的特征向量。

现在重新修正正则化项$\|Rm\|^2$。我们用黎曼几何中的非欧几何距离$\hat{r}_{ij}$ 代替空间几何中的距离r_{ij}。那么粗糙度矩阵公式如下:

$$\|Rm\|^2 = \sum_{i=1}^{np}\sum_{j=1}^{nb}\frac{A_j}{A_{\text{sum}}}\left(\frac{\Delta m_{ij}}{\Delta \hat{r}_{ij}}\right)^2 \tag{5.11}$$

在地震图像的像素点上寻找中心是非常重要的。反演网格中某一单元格的中心与地震图像的像素点具有相同的度量张量。为了快速、高效地修正正则化，首先搜索结构化稀疏网格中的层位和断层的分界面。如果相邻单元格位于界面的两边，那么该相邻的单元应该采用非欧距离计算$\|Rm\|^2$。

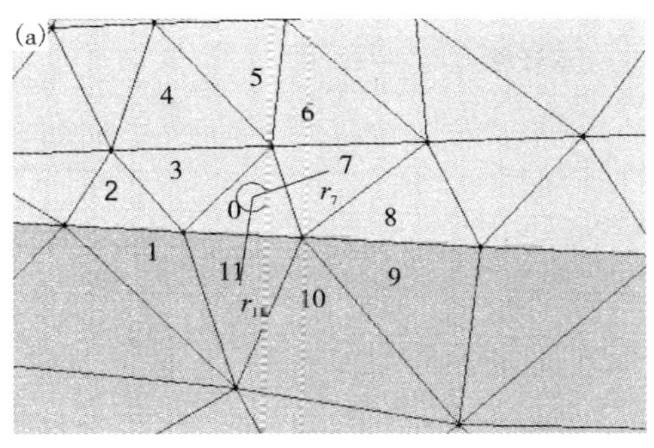

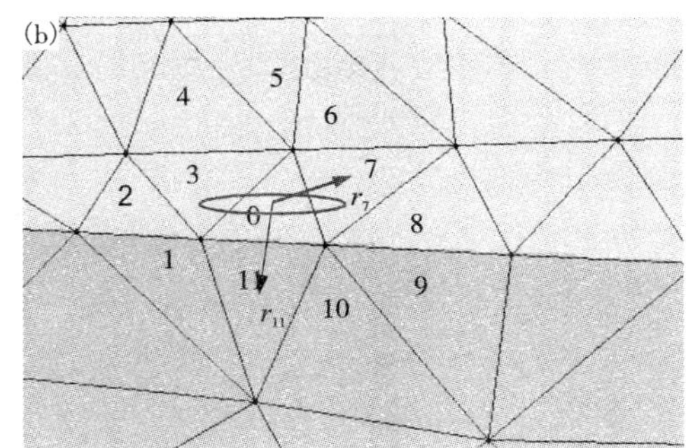

图 5.3　粗糙度由（a）空间距离计算；（b）非欧几里得距离。“箭头”表示与度量张量（椭圆）方向的非欧几里得距离

非欧几里得距离的优点在于它与包含特征方向的张量场有关。空间距离与非欧几里得距离的差异如图 5.3 所示。在图 5.3（b）中，单元格“0”比单元格“11”更接近单元“7”。在图 5.3（a）中，r_7 的空间距离与 r_{11} 几乎相同。

5.4　模拟数据测试

在本节中，给出一个已知的地质结构的电阻率模型，测试这一研究在近海油气勘探问题中的作用。电阻率模型与 Key（2012b）中的相同，如图 5.4 所示。每层中的电阻率参数在表 5－1 中给出。假设为各向同性介质的模型包括海水层、起伏海底、低电阻率沉积层、较高电阻率的盐层、一个表示油藏的高阻薄层，以及大地基底。

表 5－1　合成模型的模型参数

地层	电阻率／(Ω·m)
空气	10^{13}
海水	0.3
盐	4
沉积层（棕）	0.6
沉积层（黄）	1
基底	100
油藏	50

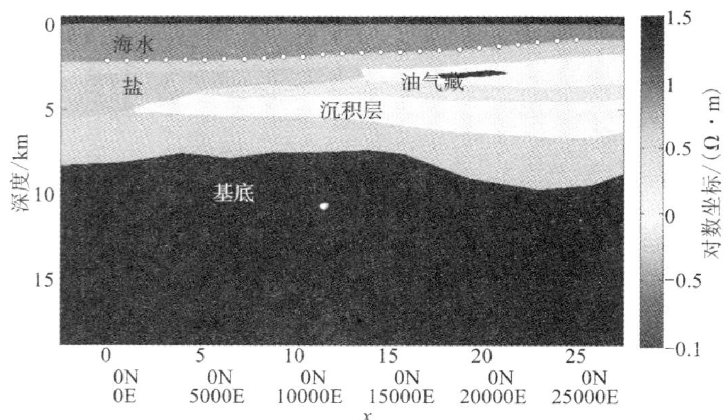

图 5.4　合成数据的电阻率模型，包括海水层，起伏海底，低电阻率沉积层，较高电阻率的盐层，一个表示油藏的高阻薄层，以及大地基底。白点是接收器的位置，间距为 1.32 km(据 Key, 2012b)

二维 CSEM 的合成数据采用了 50 个发射源位置和 20 个接收器模拟的结果。信号的发射频率为 0.25 Hz 和 0.75 Hz，高斯噪声 3%，噪声水平 10^{-15} V/Am^2。

假设地震模型和电阻率模型具有相同的地质特征。反演网格由 MARE2DEM 代码生成(Key, 2012)。通过使用 Delaunay 三角剖分方法(Shewchuk, 1996)生成和细化有限元网格。反演模型由 Matlab 图形设计构建，可以导入地形界面和其他已知地层界面。初始模型为海底以下 1 Ω · m 的均匀半空间。初始模型的网格由 MARE2DEM 代码生成。海洋可控源电磁数据反演测试使用5 个节点，每个节点上有 Intel Sandy Bridge E5 – 2670 (2.6GHz) 集群的 16 个核心。

为了提出对图像引导正则化反演进行的改进，下面介绍一些对比实验，见表 5 – 2。所有的反演目标拟合差都是 1.0 的均方根(RMS) 拟合差。

表 5 – 2　不同网格和不同正则化的实例

案例	网格	正则化
案例 1(图 5.5)	规则密集网格	标准正则化
案例 2(图 5.7)	规则稀疏网格	标准正则化
案例 3(图 5.9)	不规则稀疏网格	标准正则化
案例 4(图 5.11)	不规则稀疏网格	图像引导正则化
案例 5(图 5.13)	不规则密集网格	图像引导正则化

5.4.1　常规网格和标准正则化

通常情况下，传统 Occam 反演方法能实现海洋电磁数据反演。海洋可控源电磁法和大地电磁的合成数据是基于MARE2DEM 程序包模拟的，真实模型如图5.4所示。初始模型网格产生于非结构化各向同性的致密网格，如图5.5(a) 所示。为了清楚地说明结果，所有图像结果统一使用从 -1 ~ 1.5 的对数色标。

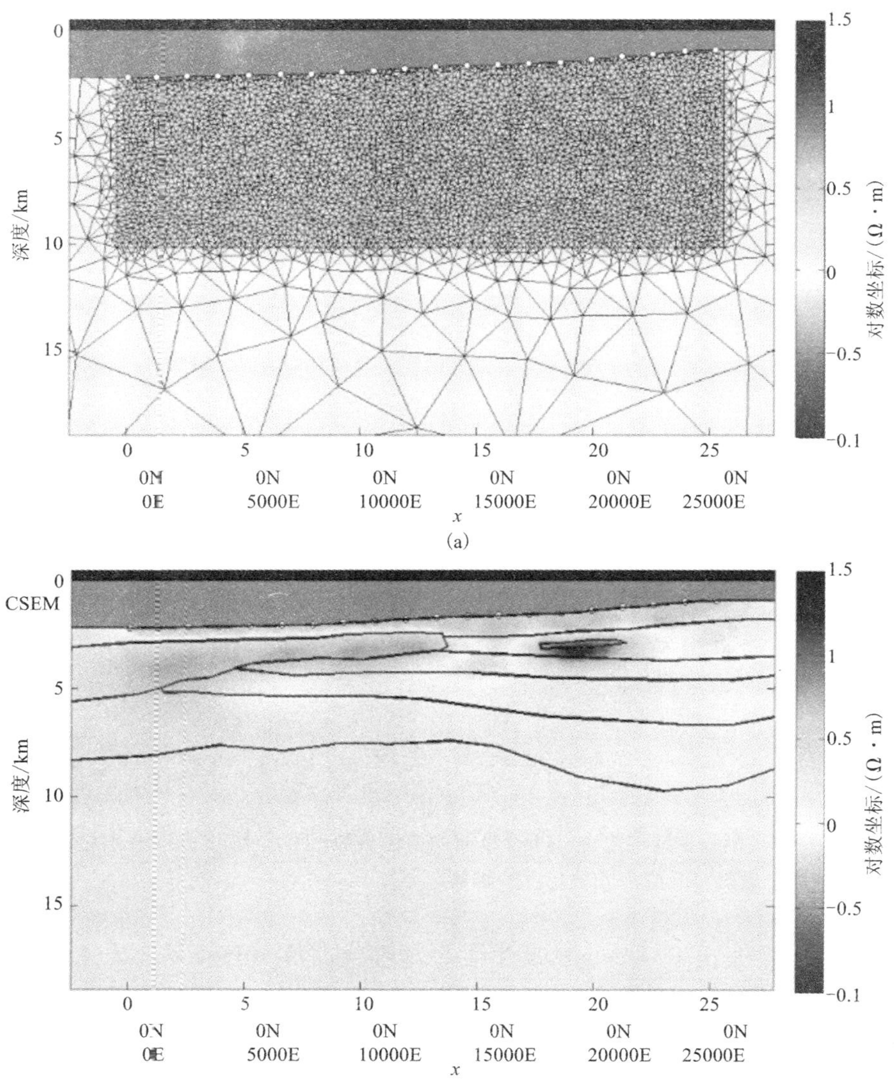

(a)

(b)

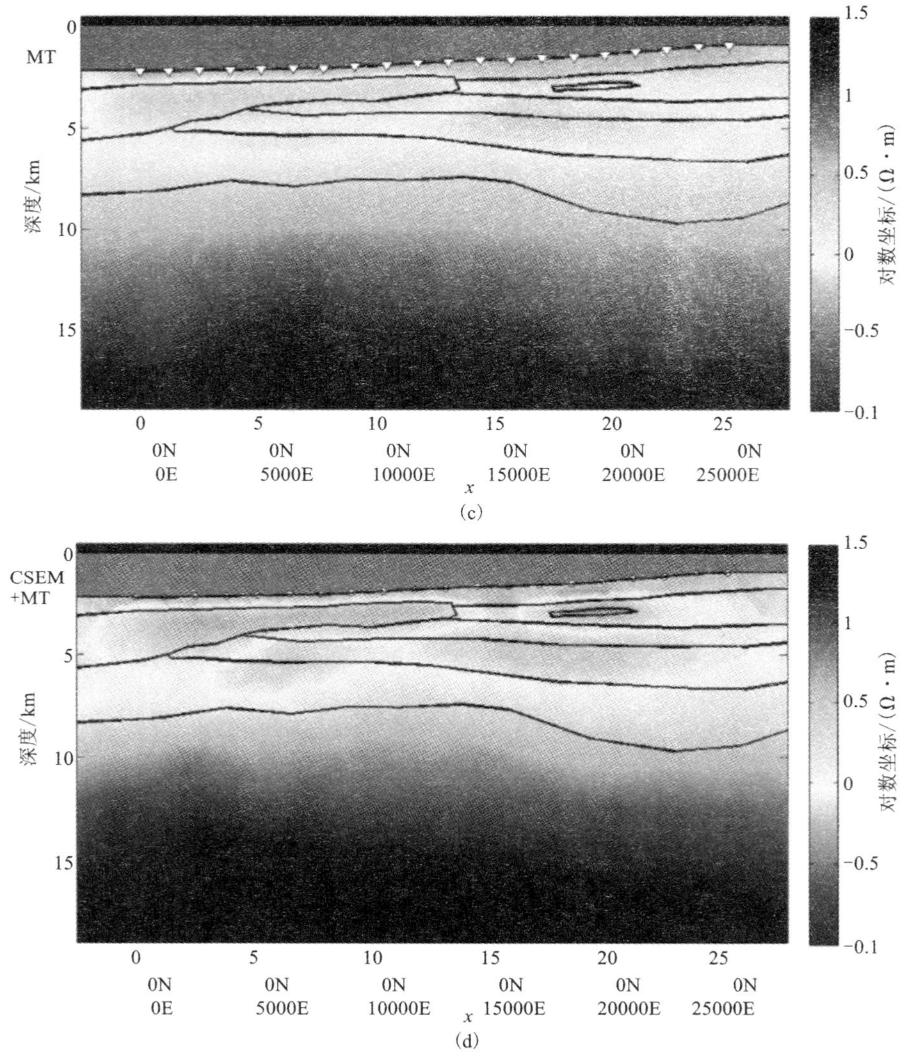

图5.5 (a)精细规则致密网格包含8500个反演的自由参数；(b)、(c)、(d)分别是可控源电磁法数据、大地电磁数据以及它们联合反演的结果

图5.5(b)给出了Occam的反演结果，使用精细的规则网格和传统的标准正则化方法。最终的RMS拟合差小于目标拟合差(图5.6)。电阻率模型在水平和竖直方向上平滑。图中的厚的电阻率平板异常代表着盐层。右边强烈的电阻率异常代表浅层油气藏。

海洋大地电磁图像对于深部目标体具有很好的分辨率。图 5.5(c) 给出了图 5.5(a) 中精细规则网格的标准正则化的反演结果。在浅水区，不能探测到油气藏，盐层异常也只是表现为弱电异常。然而，下伏的高电阻率基底异常却很强烈。

相比于可控源电磁法和大地电磁法单一方法反演，可控源电磁和大地电磁数据的联合反演结果在浅部和深部都具有很高的分辨率。图 5.5(d) 给出的是精细规则致密网格的标准正则化反演结果。在图5.5(d) 中，反演的电阻率结果在浅部和深部都具有高分辨率。这种方法能够探测到浅水区的油气藏储层和厚盐层，也可以探测到下伏的高电阻率基底。

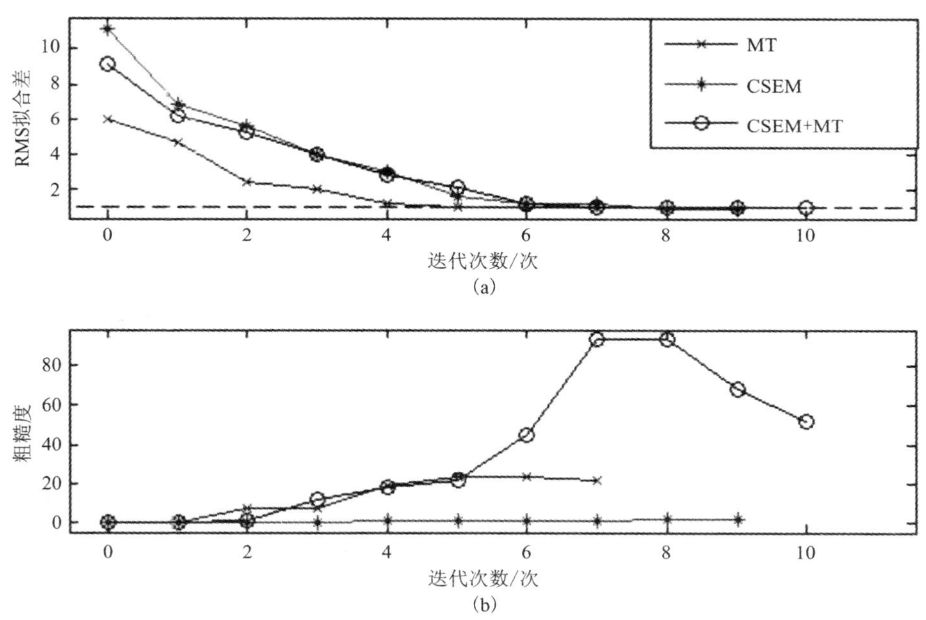

图 5.6　(a) RMS 拟合差和 (b) 模型粗糙度的迭代结果

5.4.2　标准正则化和稀疏网格

为了降低计算成本和物理内存，通常使用稀疏网格来减少反演的参数。举个例子，图5.7(a) 所示常规各向同性的稀疏网格，网格的数量是1700。测试网格的真实电阻率模型如图 5.4 所示。稀疏网格的结果分别展示了可控源电磁法数据反演，大地电磁数据反演和联合反演，由图5.7(b)，图5.7(c) 和图5.7(d) 分别给出。

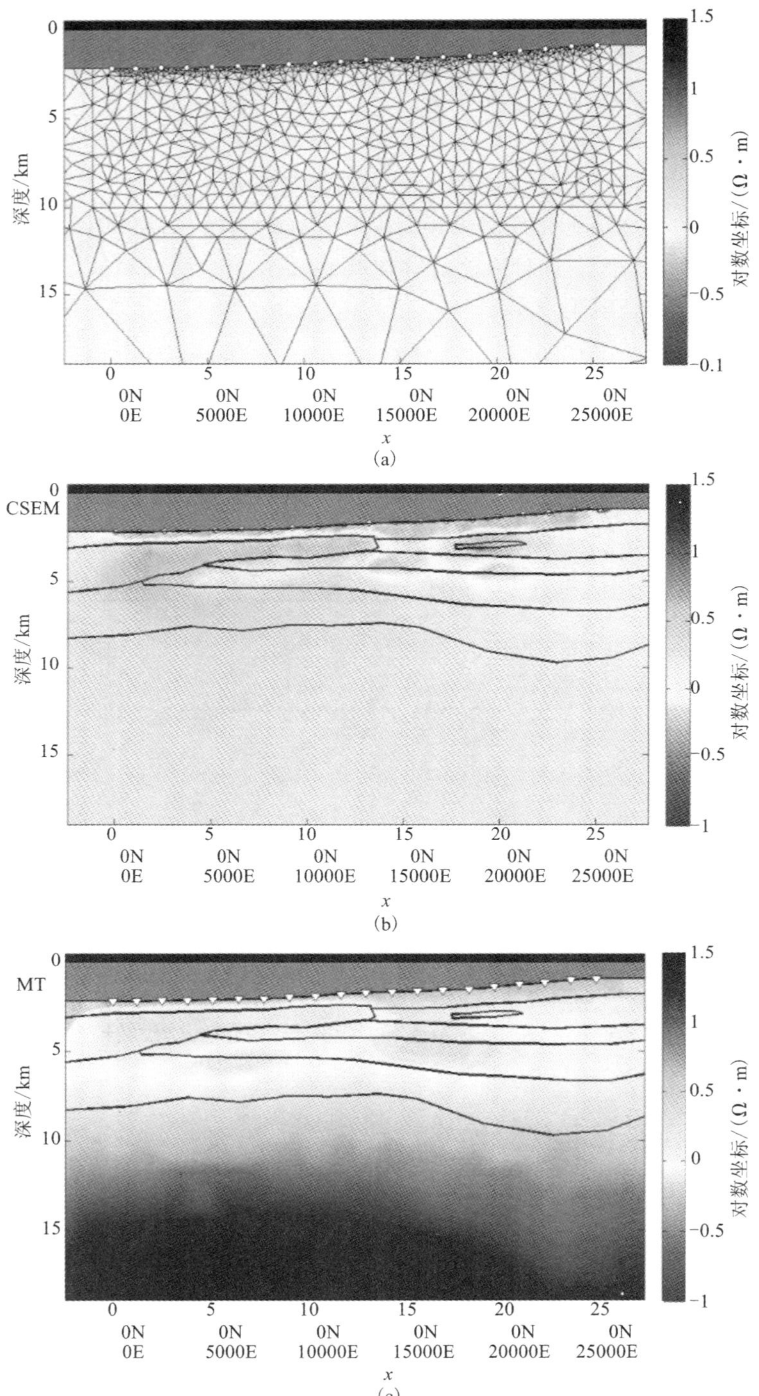

0
5
深度/km
10
15
0 5 10 15 20 25
0N 0N 0N 0N 0N 0N
0E 5000E 10000E 15000E 20000E 25000E
x
1.5
1
0.5
0
−0.5
−0.1
对数坐标/(Ω·m)
(a)
CSEM
(b)
MT
(c)

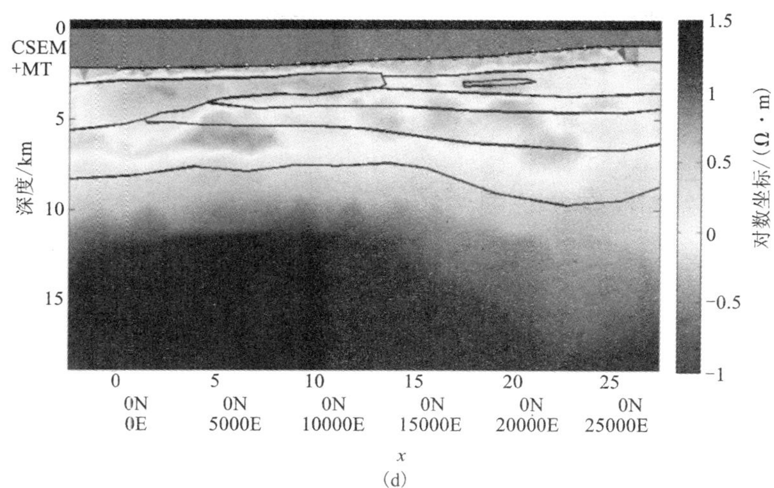

图 5.7　(a) 规则稀疏网格包含 **1700** 个反演的自由参数；(b)，(c)，(d) 分别是可控源电磁法数据、大地电磁数据以及它们联合反演的结果

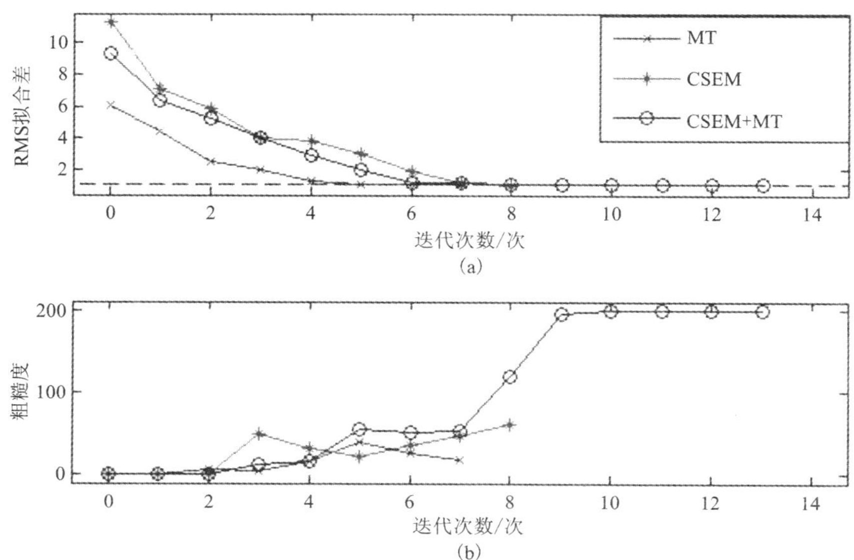

图 5.8　(a) **RMS** 拟合差和(b) 模型粗糙度的迭代结果

为了充分利用稀疏网格带来的快速反演的优势，结合基于地震相干度的不规则稀疏网格来反演海洋电磁数据。结果如图 5.9 所示。

0
5
深度/km
10
15
0
5
10
15
20
25
0N
0E
0N
5000E
0N
10000E
0N
15000E
0N
20000E
0N
25000E
x
1.5
1
0.5
0
−0.5
−1
对数坐标/(Ω・m)
CSEM
MT

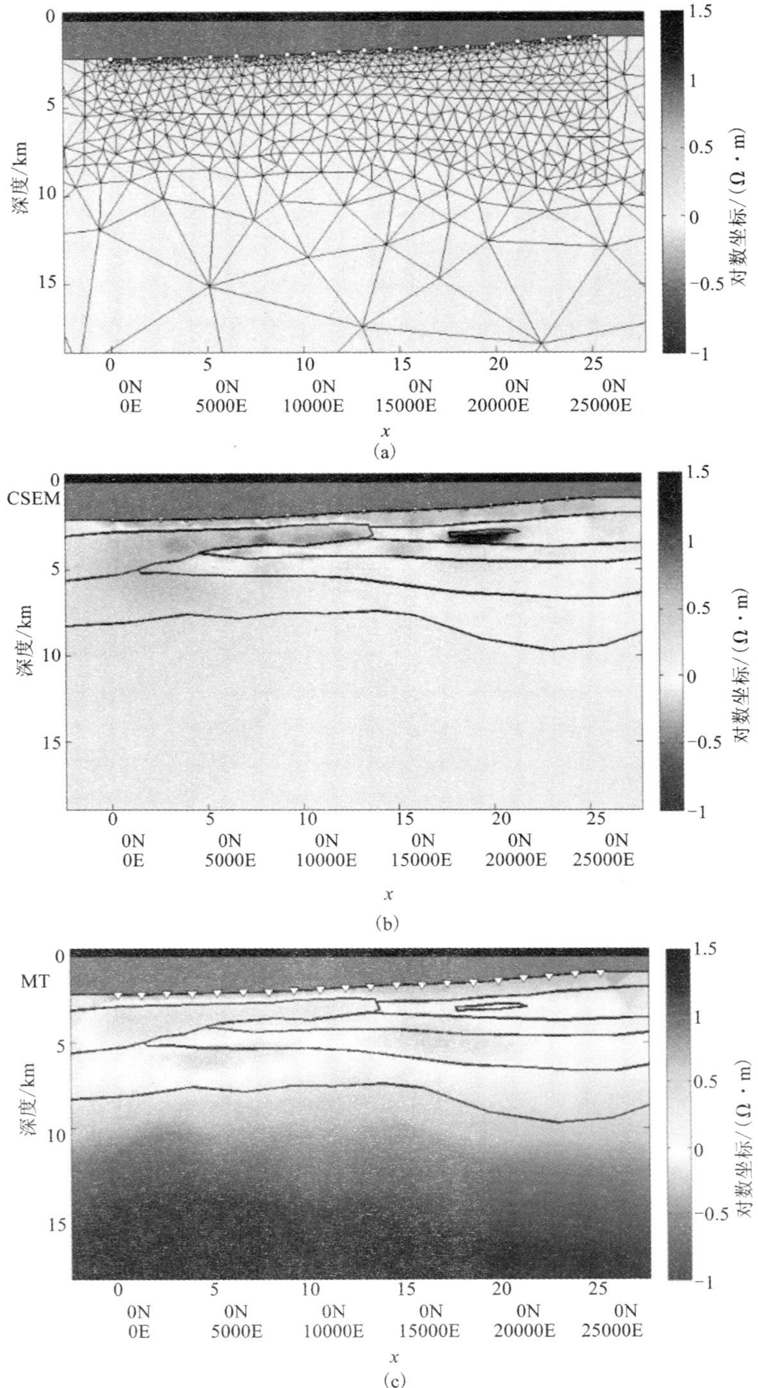

(a)

(b)

(c)

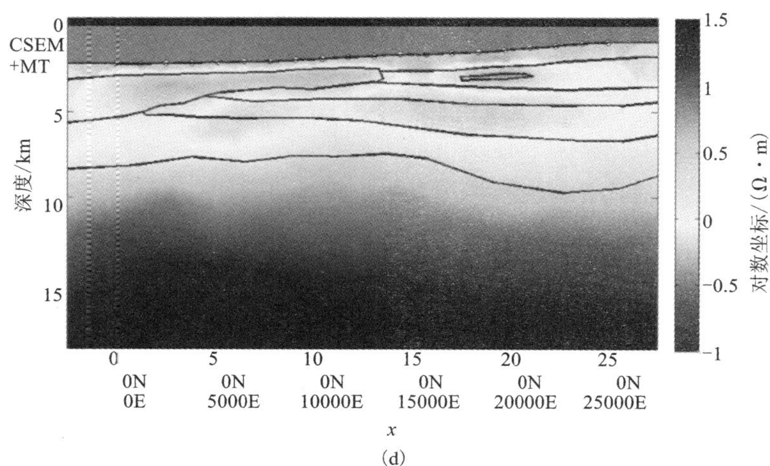

(d)

图5.9　(a) 基于地震相干度的不规则稀疏网格；(b)，(c)，(d) 分别是可控源电磁法数据，大地电磁数据以及它们联合反演的结果

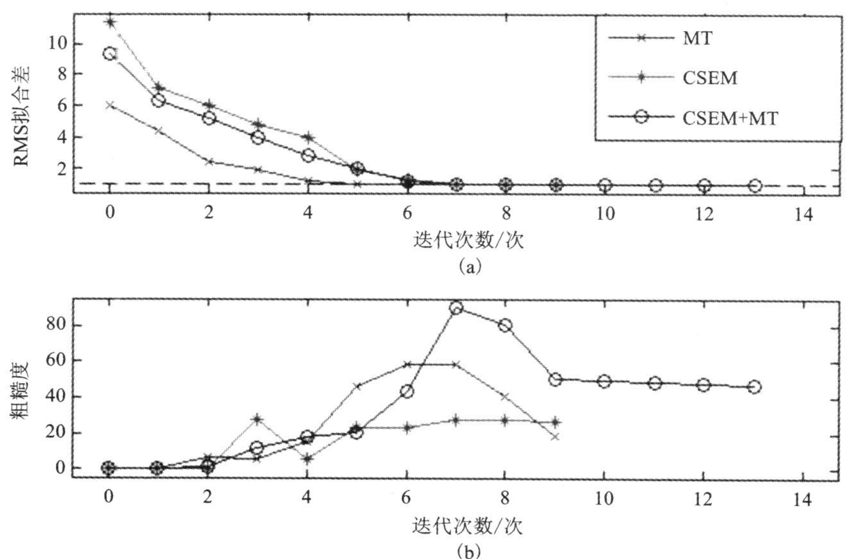

图 5.10　(a) RMS 拟合差和 (b) 模型粗糙度的迭代结果

与传统的常规密集网格相比，具有不规则稀疏网格的反演可以使用更少的参数描述类似电阻率图像(图5.9)。在图5.9(b)中，海洋可控源电磁反演的电阻率图像具有更清晰的盐层边界。

图5.9(c) 和图5.9(d) 说明了使用基于地震相干度的不规则稀疏网格可以达到精细的常规致密网格的反演效果。图像中清楚地显示了盐层下面的导电的沉积层。与图5.7(c) 相比，图5.9(c) 提高了下伏高电阻率基底的异常。

5.4.3 图像引导正则化和不规则稀疏网格

基于地震相干度的不规则稀疏网格可以添加地震结构信息到反演网格中，从而约束电磁反演。通过图像引导正则化反演可以进一步提高电磁反演的分辨率。图5.11 所示的是使用图像引导的正则化反演的结果。使用的真实模型与图5.4 中的相同。初始模型的网格与不规则稀疏网格相同，如图5.9(a)。均方根RMS拟合差和模型粗糙度的迭代结果如图5.12 所示。

图5.11(b) 展示了可控源电磁法数据经图像引导正则化反演的结果。图5.9(b) 和图5.11(b) 都提供了油气储层的高阻异常。但是图5.11(b) 中的结果显示出比图5.9(b) 更加清晰的盐层异常，下底边界更加清晰。原因是盐层的下底边界受到地震图像引导正则化方法的约束。同时，在盐层异常下方的沉积层的低阻异常的比传统的标准正则化的结果更清晰。

与传统的标准正则化反演结果相比，这种改进的原因不仅来自不规则网格，而且受到图像引导正则化方法的影响。图5.11(b) 中的电阻率图像与图5.9(b) 所示的不规则网格反演的电阻率图像相类似。原因是图5.11(b) 中的初始模型的网格包括地质特征，并且图像引导正则化在地质特征的方向上为平滑模型。盐层和沉积层之间的差异在图5.11(b) 中显得更加强烈。图像引导的正则化反演为盐异常边界提供了更大的粗糙度模型。

在图5.11(c) 中，电阻率图像来自海洋大地电磁数据的反演。易于导电的沉积层位于地表以下4 km深处，这与图5.4 所示的真实模型相吻合。大地电磁数据也检测到油气藏的弱异常。此外，在图5.11(c) 的深部，盐层和下面的高电阻率的大地基底是清晰的。

显然，图像引导正则化在水平方向上提供了平滑的模型。联合反演结果结合了可控源电磁法和大地电磁数据的优点，在图5.11(d) 中的浅部和深部区域都具有良好的分辨率。

通过三种情况的比较，可以发现图像引导正则化算法可以提高电磁数据反演的分辨率。基于相干的不规则稀疏网格的初始模型也可以对海洋电磁数据反演产生积极作用。为了了解图像引导的正则化反演方法是如何工作的，我们用密集的初始网格测试另一个模型。

深度/km
对数坐标/(Ω · m)
0
5
10
15
1.5
1
0.5
0
−0.5
−1
0 5 10 15 20 25
0N 0E
0N 5000E
0N 10000E
0N 15000E
0N 20000E
0N 25000E
x
CSEM
MT

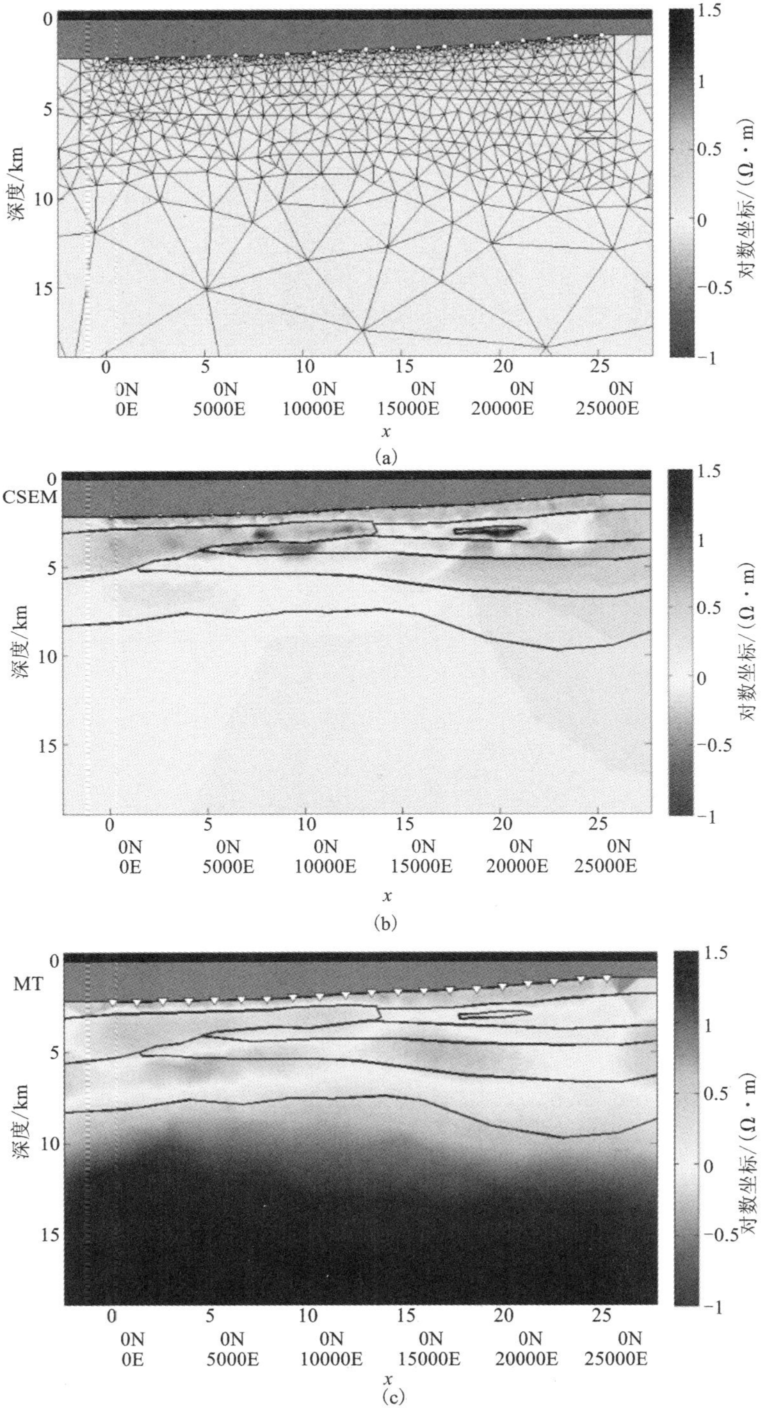

(a)

(b)

(c)

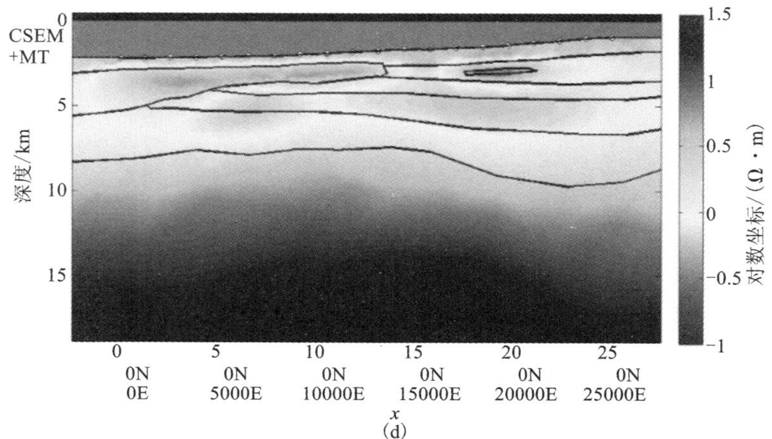

(d)

图 5.11 (a) 用于图像引导正则化反演的不规则稀疏网格。(b), (c), (d) 分别是可控源电磁法数据、大地电磁数据以及它们联合反演的结果

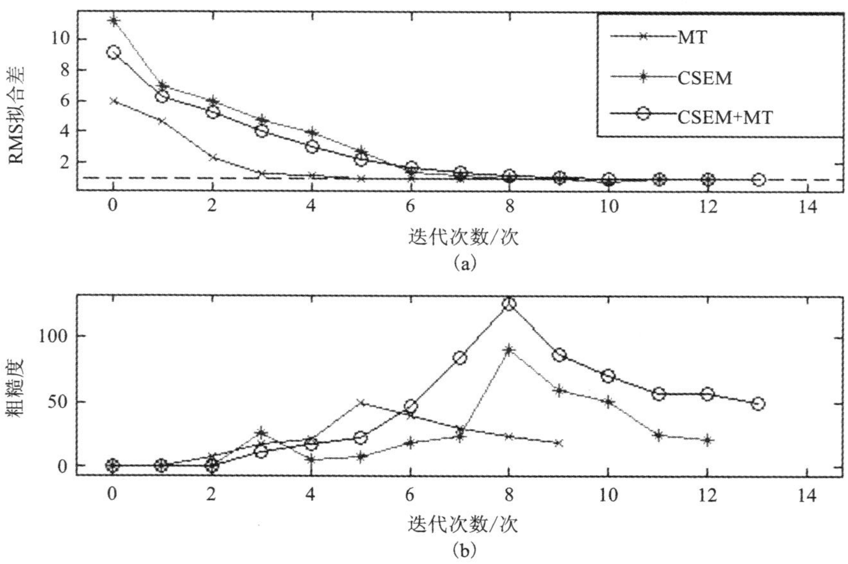

图 5.12 (a) RMS 拟合差和 (b) 模型粗糙度的迭代结果

真实的模型与上面相同。图 5.13 给出了具有相同网格的标准正则化和图像引导正则化两种方法的结果。用这两种正则化方法进行大地电磁数据反演的综合测试。初始模型采用不规则的密集网格，如图 5.13(a) 所示。图 5.13(b) 展示了标准正则化的 Occam 反演结果。虽然电阻率图可以反映基底的高电阻率特性，但异常并不如图 5.13(c) 的明显。

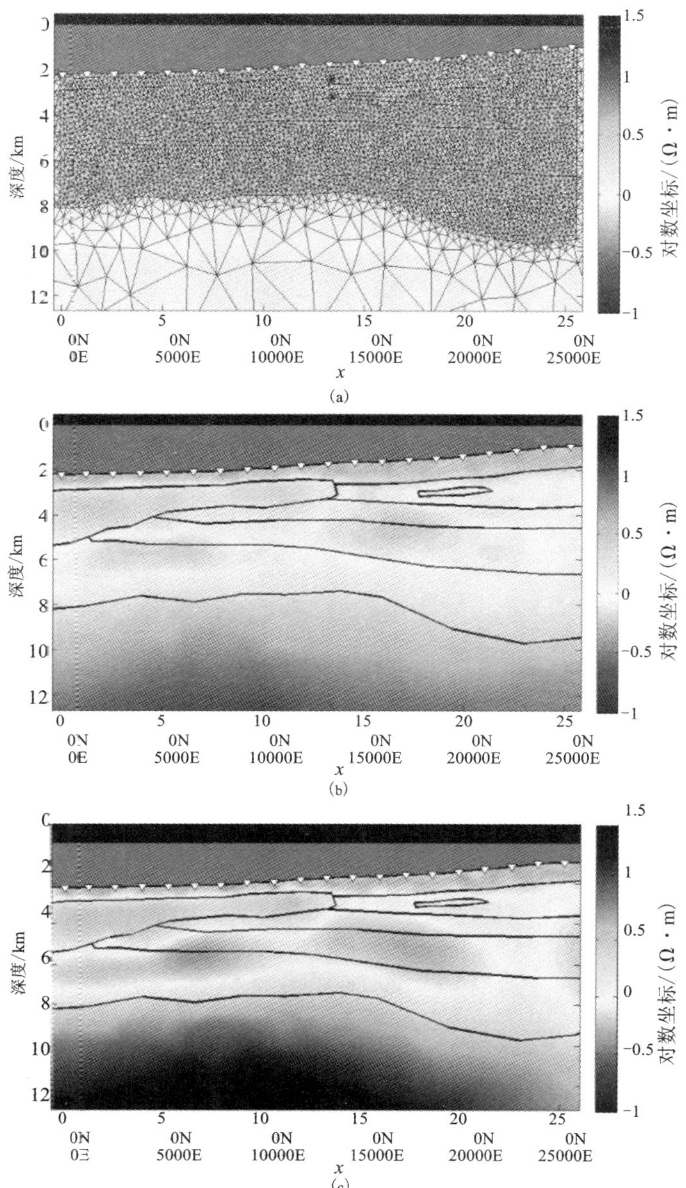

图 5.13　(a) 大地电磁数据反演的不规则密集网格；反演结果使用 (b) 标准正则化和 (c) 图像引导正则化方法

5.4.4 实测数据算例

实测数据来自在2008年挪威北海的Trool West Oil Province (TWOP) 油田海域采集的样品(Gabrielsen等, 2009; Morten等, 2012)。TWOP的地图视图在文献Morten等(2012年) 的文章中已给出。这些实测数据选取0.25 Hz, 0.75 Hz, 1.25 Hz和1.75 Hz的频率进行反演。初始各向异性半空间模型如图5.14所示, 白色实线主要为地质中的地层界线。半空间的水平和垂直电阻率都设定为1Ω·m。

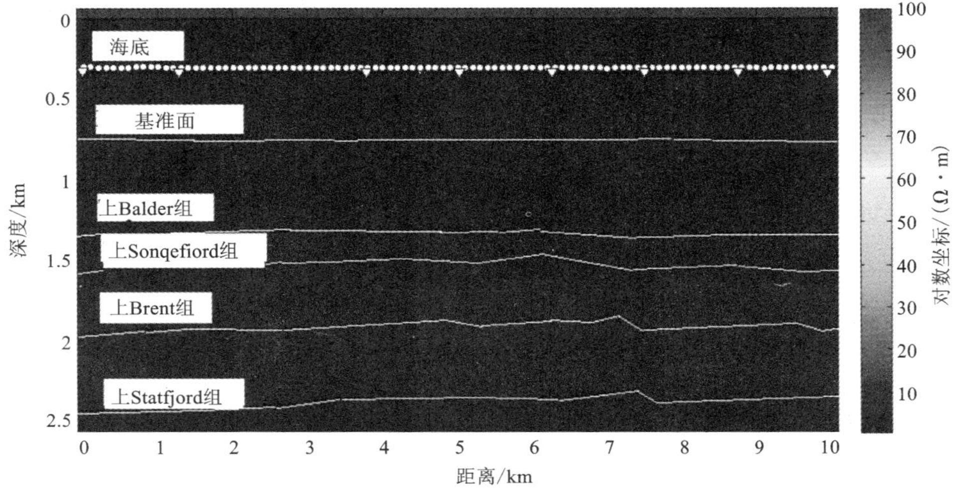

图5.14 带有地层信息的2008年Troll海底基站式数据反演的初始模型。位于海床上的三角形表示接收器位置

图5.15和图5.16分别给出了可控源电磁法数据的标准正则化和图像引导正则化的反演结果。图5.15(a) 和图5.15(b) 分别是垂直和水平电阻率图像。显然, 我们在垂直电阻率图像中观察到1300 ~ 1500 m深度之间有两个明显的高电阻异常。这两个异常分别位于2 ~ 3 km(左), 4 ~ 5 km(右)。这两个异常都是穿越Balder的上层边界。

类似地, 图5.16(a) 和图5.16(b) 分别是垂直和水平电阻率图像。我们可以看到Balder底部和Songefjord顶部的边界存在两个明显的异常。深度为1300 ~ 1500 m。在图5.16中, 两个异常都比图5.15中的异常显得强烈。显然, 反演电阻率图像沿着地震图像中的地层结构进行平滑。通过比较图5.15(a) 和图5.16(a), 可以看出图像引导正则化的结果更加符合地质结构。

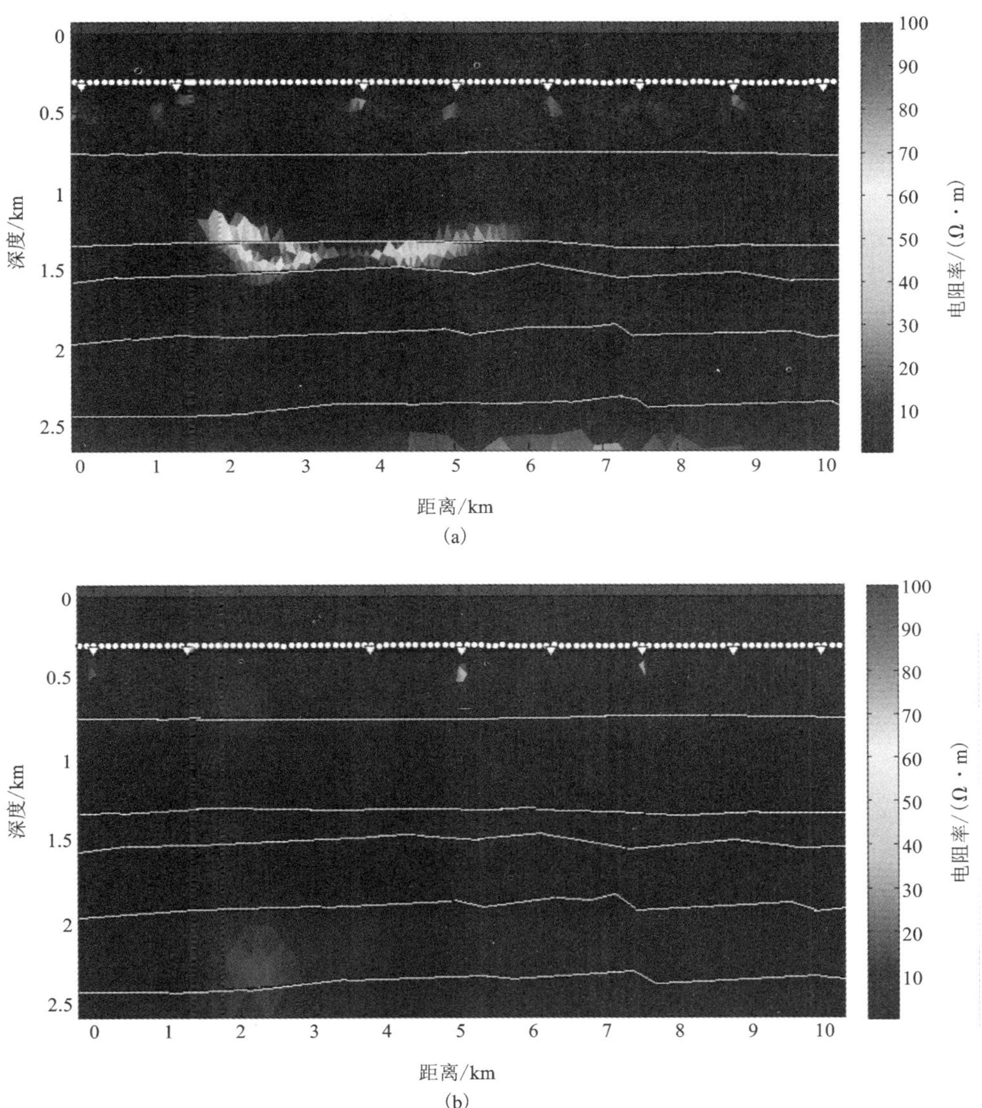

图 5.15　标准正则化反演 2008 年 Troll 海域可控源电磁法数据。三角形表示接收器位置；白色标记是发射器的位置。(a) 垂直电阻率，(b) 水平电阻率

图 5.17 所示的是不同正则化反演的 RMS 拟合差和粗糙度迭代结果。两种正则化反演的收敛速度相似。图像引导的正则化具有比较低的粗糙度系数。

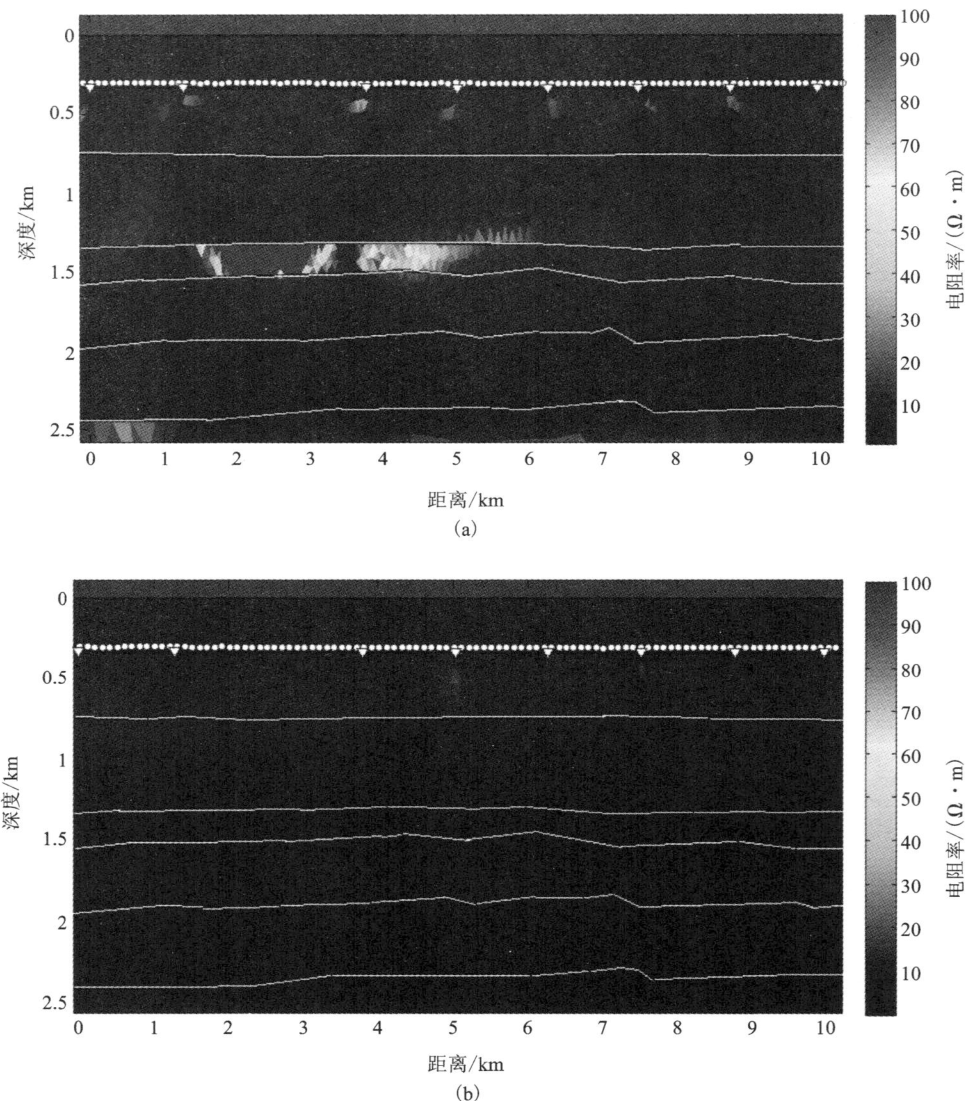

图 5.16 图像引导正则化 2008 年 Troll 海域可控源电磁法数据。三角形表示接收器位置；白色标记是发射器的位置。(a) 垂直电阻率，(b) 水平电阻率

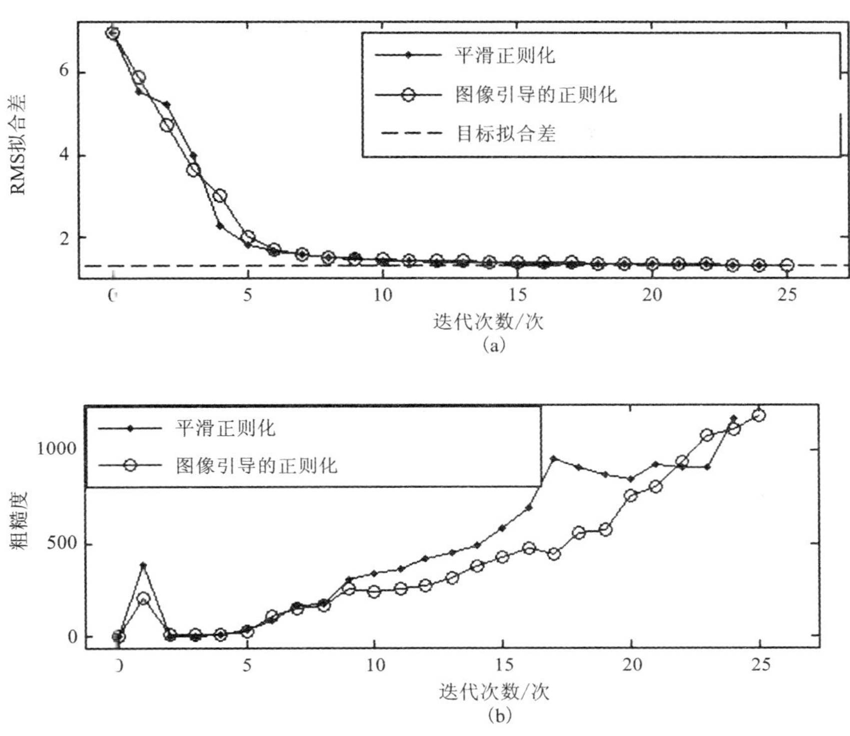

图 5.17 (a) RMS 拟合差和(b) 模型粗糙度的迭代结果

5.5 讨论

经过几个合成数据和实测数据的实例，我们已经证明了图像引导正则化方法更适用于 Occam 反演，并且可以应用于可控源电磁和大地电磁数据的反演。当我们使用非欧几里得距离来代替空间距离时，模型权重随着地质特征的变化而变化。这种方法考虑的正则化算子更加符合地质特征，惩罚矩阵的空间导数的 L2 范数，使得模型更加具有地质结构特征。

在这里，我们分两步改进 Occam 的反演。首先，我们用不规则的稀疏网格替换常规网格。这种不规则的稀疏网格可以降低计算成本。其次，我们通过使用图像引导正则化方法来约束不规则网格。结果表明，图像引导正则化是一种通过地质特征约束电磁反演的方法。

与将地震速度结合到电磁反演中的地震正则化方法相比(Brown 等，2012)，图像引导正则化方法的主要优点是可以应用于二维或三维建模。地震正则化方法提供了一种将地震结构融入电磁反演的方法，同时避免了联合反演方法的大计算量。

由 Zhou 等(2014) 提出的电阻率数据的图像引导反演用于支流电法电阻率数据反演。这种通过图像引导插值的方法，将模型权重沿四向平滑矩阵聚焦平滑电阻率图像。由于该方法应用于矩形网格，因此四个方向遵循相邻单元格的 0°，45°，90° 和 135° 方向。然而，本书中的图像引导正则化方法可以考虑任何方向。

该方法也有一些局限性，前提假设地震数据和电磁数据具有相同的结构特征。由于灵敏度低，很难找到使用该方法的细尺度分层的边界。它最适用于电阻率和图像特征边界在相同深度变化的情况。

5.6 结论

在本章中，我们研发了一种利用图像引导正则化权重将结构约束结合到电磁反演中的简单方法。在二维海洋可控源电磁法和大地电磁法的合成数据上测试了图像引导正则化方法，并且得到了很好的测试结果。测试复杂模型是二维各向同性介质模型，具有低阻和高阻特征。与标准的正则化反演相比，图像引导正则化方法反演的异常更接近真实模型。反演结果更有助于对海洋电磁数据的解释。

我们将图像引导正则化方法应用于实测海洋可控源电磁数据反演(TWOP)。虽然缺少地震图像的支撑，但我们对引入的地层界限约束的 TWOP 可控源电磁数据反演的结果比较满意。电阻异常受到垂直电阻率图像中的界面限制。

使用地质特征来约束 Occam 反演的正则化权重只是一个一般的例子。如果假设任何先验高分辨率数据集(例如地震图像) 在结构上与电阻率模型相关，那么可以从高分辨率图像中提取信息约束正则化反演。这种正则化反演不仅用于 Occam 反演，也可用于 Gauss - Newton 反演或其他反演方法。

在本章中，度量张量场是根据地震图像计算的。它也可以由其他高分辨率信息构成，例如地震速度。正则化方法倾向于沿着地震结构平滑模型。但是电性参数并不总是与地震结构一致。因此，当用图像引导正则化方法计算实际数据时，也要考虑到具体的物性参数。在未来，这种方法可以推广到三维电磁反演。

第 6 章　结构化网格和非结构化网格

在地球物理正演和反演中，网格的选择是非常重要的，因为它影响了正演和反演的精度和效率。在海洋电磁数据反演中，研究网格的意义在于可以很好地为海洋油气勘探节省成本。在本章中，我们使用三个模型比较了结构化和非结构化网格。在反演结果的基础上，考虑了复杂的几何结构、精度和收敛过程中 CPU 计算时间对不同网格进行比较。结果表明，结构网格为非结构网格提供了一个准确的电阻率模型和一个复杂的几何模型。此外，如果迭代次数相同，则使用结构化网格进行 CPU 计算所花费的时间会更少。然而，结构化网格有时比非结构化网格需要更多的迭代次数。研究结果表明，结构化网格是海洋可控源电磁数据反演的较好选择。

6.1　前言

网格化地球物理数据是解决地球物理勘探中问题的常用手段。对于地球物理的正演和反演问题，网格都是十分重要的，因为计算的精度和效率都会受到网格的影响。在选取网格的过程中，需要考虑三个问题：模型复杂的几何结构、计算精度和收敛过程中中央处理器（CPU）的计算时间。伴随着计算机科学的发展，复杂地质结构建模和地球物理反演问题的求解计算成本都在下降。

结构化网格和非结构化网格在很早之前就已经应用于计算领域的离散化过程（Bono 和 Awruch，2007）。结构化网格通常离散成二维的四边形单元和三维的六面体单元。这种网格通常用于地球物理模拟中的有限差分法。相比之下，在复杂几何离散化中，非结构化网格通常是离散化的首选网格。非结构化网格会离散成二维的三角形单元和三维的四面体单元。本书中的海洋可控源电磁法采用的正演方法是有限单元法，因此，非结构化网格是常用的离散化手段。

为了比较结构化网格和非结构化网格的影响，我们采用海洋可控源电磁法模拟油气勘探进行测试（Ellingsrud 等，2002；Eidesmo 等，2002）。海洋可控源电磁法的正反演的效率也随着计算机的发展而提高。虽然海洋可控源电磁法可以进行有效的建模和反演，其中结构化网格难于离散复杂的几何体模型。而非结构化网格技术可以灵活地离散复杂的地质模型并应用自适应技术（Li 和 Key，2007）。然而，这种高灵活性的代价是大量的物理内存和 CPU 计算时间。

海洋可控源电磁法反演中网格单元的选择取决于数值求解的精度、计算效率和建模的灵活性。Aftosmis 等（1994）在二维运算中得出了四边形单元和三角形单元的等效网格的计算精度几乎没有差异。然而，Baker（2005）证明了六面体网格在三维模拟过程中比四面体网格具有更高的精度。

在这一章，我们使用各向异性模型，改进 Guo 和 Liu（2017）的各向同性模型，并进行了结构化与非结构化网格的比较。同样地，我们利用海洋可控源电磁法的反演结果测试在油气勘探中二维结构化网格与非结构化网格之间的差异。这个检测实验考虑了复杂的几何结构、计算精度和收敛过程中的CPU计算时间这三个问题。然后将各向异性数据的反演结果与结构化网格和非结构化网格进行比较。为了对比算法的公平性，我们选用了相同的自适应有限单元法的正演过程。并且使用同一个计算机集群运行模型的反演程序，并比较其计算成本。

6.2　结构化与非结构化网格反演方法

我们采用的是 MARE2DEM 代码作为海洋可控源电磁法的正演和反演算法，这一代码十分成熟，被很多研究人员证实并应用到海洋油气勘探中（Key，2012；2016）。自从 Constable 等（1987）提出了 Occam 反演算法，Key（2009）第一次把 Occam 算法引入到海洋可控源电磁数据反演中。反演目标函数的公式如下：

$$U = \|\partial_x m\|^2 + \|\partial_z m\|^2 + \mu^{-1}\{\|\boldsymbol{W}[d - F(m)]\|^2 - X_*^2\} \tag{6.1}$$

其中：$\boldsymbol{W}$ 是数据误差的对角矩阵；$\|\partial_x m\|^2$ 和 $\|\partial_z m\|^2$ 是水平和垂直平滑模型的粗糙度；μ 是平衡正则化项和数据拟合差项的参数；d 是观测数据；$F(m)$ 是正演模拟结果；m 是电阻率参数；X_*^2 表示的是目标拟合差。

模型迭代方程：

$$m_{k+1}(\mu) = [\mu(\partial_x^T\partial_x + \partial_z^T\partial_z) + (\boldsymbol{W}J_k^T\boldsymbol{W}J_k)]^{-1}[\boldsymbol{W}J_k^T\boldsymbol{W}\hat{d}] \tag{6.2}$$

Occam 的反演是根据 RMS 拟合差和目标拟合差差异制定的；本书中采用了以下标准化的 RMS 拟合差：

$$x_{\text{rms}} = \sqrt{\frac{X^2}{n}} = \sqrt{\frac{1}{n}\sum_{i=1}^{n}\left[\frac{d_i - F_i(m)}{s_i}\right]^2} \tag{6.3}$$

其中s_i 是数据的不确定度。RMS 拟合差是 1.0 的时候表示模型的拟合效果达到了最优。

为了评价反演结果的电阻率图像的优劣，Guo 等(2016a, 2016b) 定义了横向电阻异常(ATR) 评价电阻率图像，并快速判断是否存在油气藏异常。

$$\mathrm{ATR}_{\mathrm{ratio}} = \frac{\mathrm{ATR}_{\mathrm{inv}}}{\mathrm{ATR}_{\mathrm{true}}} = \frac{\sum(\Delta R_{\mathrm{CSEM}} * \Delta z)}{\Delta R_{\log} * \Delta z_{\log}} \tag{6.4}$$

其中：$\mathrm{ATR}_{\mathrm{true}}$真实模型的横向电阻异常；$\mathrm{ATR}_{\mathrm{inv}}$反演结果的模型的横向电阻异常；$\Delta R_{\log}$ 和 $\Delta z_{\log}$ 分别代表了电阻率异常和真实的油藏厚度；这些数据可以通过地球物理测井获得。

6.3　模拟数据反演结果

6.3.1　各向异性模型案例

Guo 和 Liu(2017) 用一个简单的各向同性模型测试了网格类型对海洋可控源反演的影响。图 6.1 显示的是真实的电阻率模型。那么考虑到研究的连续性，对于研究各向异性介质中的网格选取问题，我们选取了具有相同结构的电阻率模型。在这一模型中，海水深度为 0.5 km，电阻率为 0.3 Ω · m。各向异性的背景电阻率模型中嵌入了三个高阻体，分别为 77 Ω · m、100 Ω · m 和 222 Ω · m。背景模型的水平和垂向电阻率分别为 0.83 Ω · m 和 1.25 Ω · m。水平电偶极子(HED) 源长 800 m，在海水中以 0.1 Hz、0.25 Hz、0.5 Hz、1.0 Hz 和 2.0 Hz 的频率发射 1500 A 信号。勘探船拖拽信号源在距离海底 30 m 高的区域发射信号，每 100 m 发射一次信号。10 个接收器布置于海底，在横向 9 km 的距离上每隔 1 km 放置一个接收机。图 6.2 展示的是 5 号接收机的合成数据。

生成的初始网格有两种，分别是结构化网格和非结构化网格，用于比较海洋可控源电磁法合成数据的反演结果方面。图 6.3 展示的是带有四边形单元的结构化网格和带有三角形单元的非结构化网格。为了公平地比较两种方法的反演效果，我们选择了相近的网格尺寸。在研究区域内，两种网格的密度可以近似看作相等。合成数据的反演采用的是最为稳定的 Occam 反演方法。

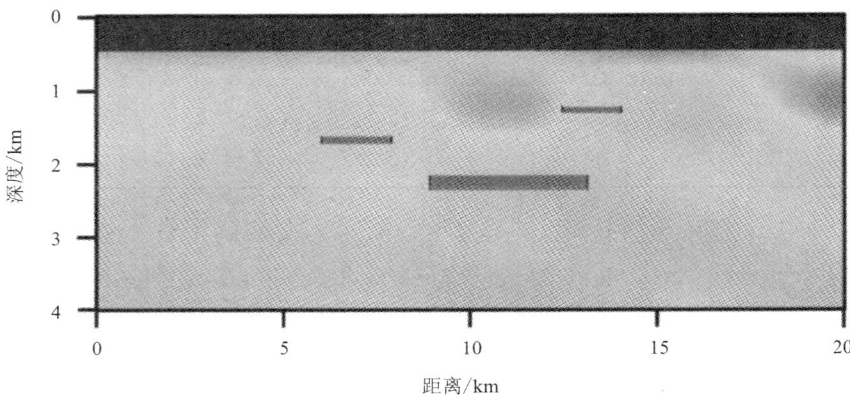

图 6.1　用于创建合成数据的简单模型。上层是海水；下部区域表示背景；矩形是电阻率目标

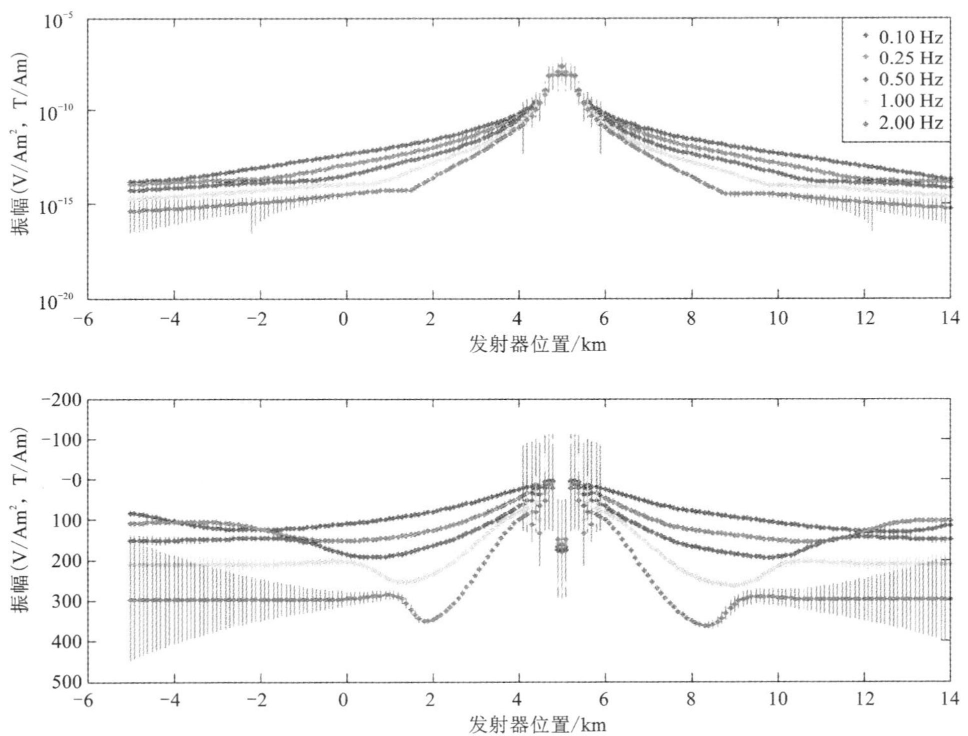

图 6.2　来自位于 **5 km** 处的接收器的 **5** 个不同频率的合成数据。上图显示了振幅与发射器位置的关系，下图显示了相位与发射器位置的关系

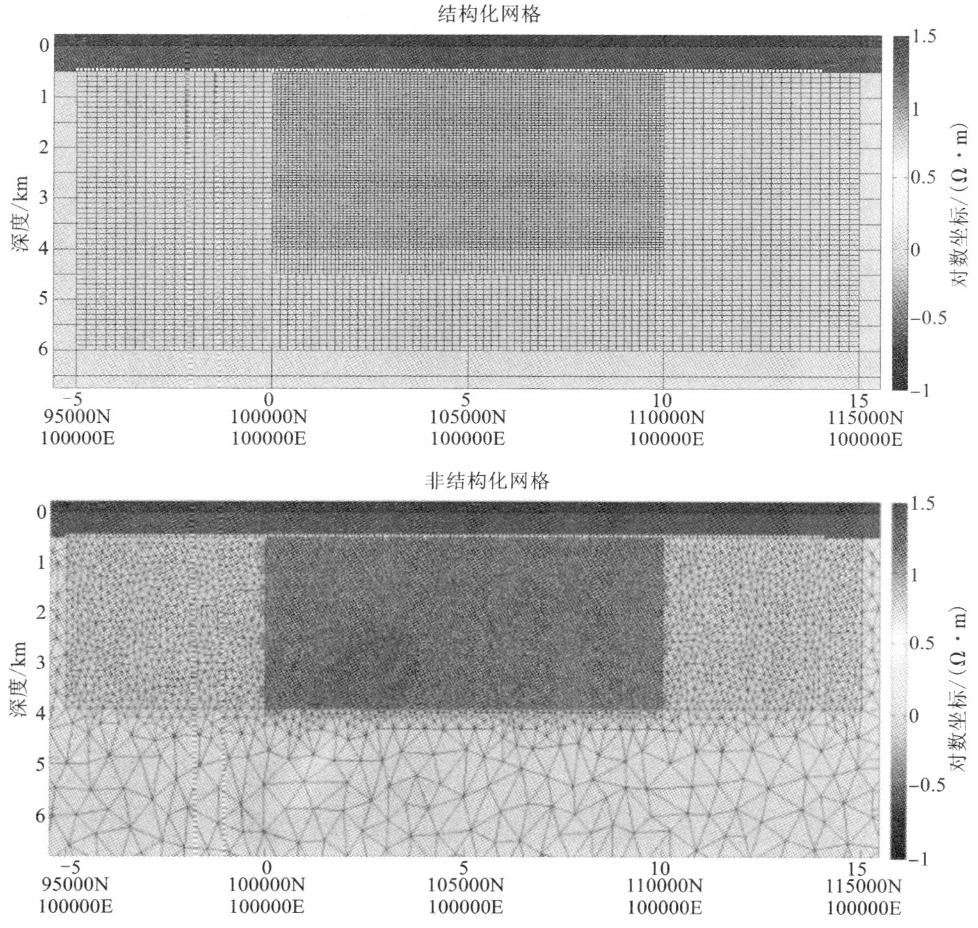

图 6.3　用于海洋可控制源电磁数据反演的结构化和非结构化网格

图 6.4 和图 6.5 是合成数据的 Occam 反演结果，图 6.4 显示的结果是水平电阻率 *Rh* 在结构化(a) 和非结构化(b) 离散化下的分布情况。图 6.5 给出的是垂直电阻率 *Rv* 在两种网格下的反演结果的分布情况。红色区域代表电阻率异常，图 6.4 和图 6.5 中所有的电阻率图像都显示了深部目标体存在较大的异常。图 6.4 还表明，反演算法为油气藏提供了电阻率异常的精确位置。然而，与非结构化网格相比，具有结构化网格的电阻率图像具有更强的电阻异常，异常的形态与真实的模型更接近。非结构化网格的反演结果在 5 km 深度以下有假异常，三个高阻异常在这幅图像中对比，结构化网格具有优势。

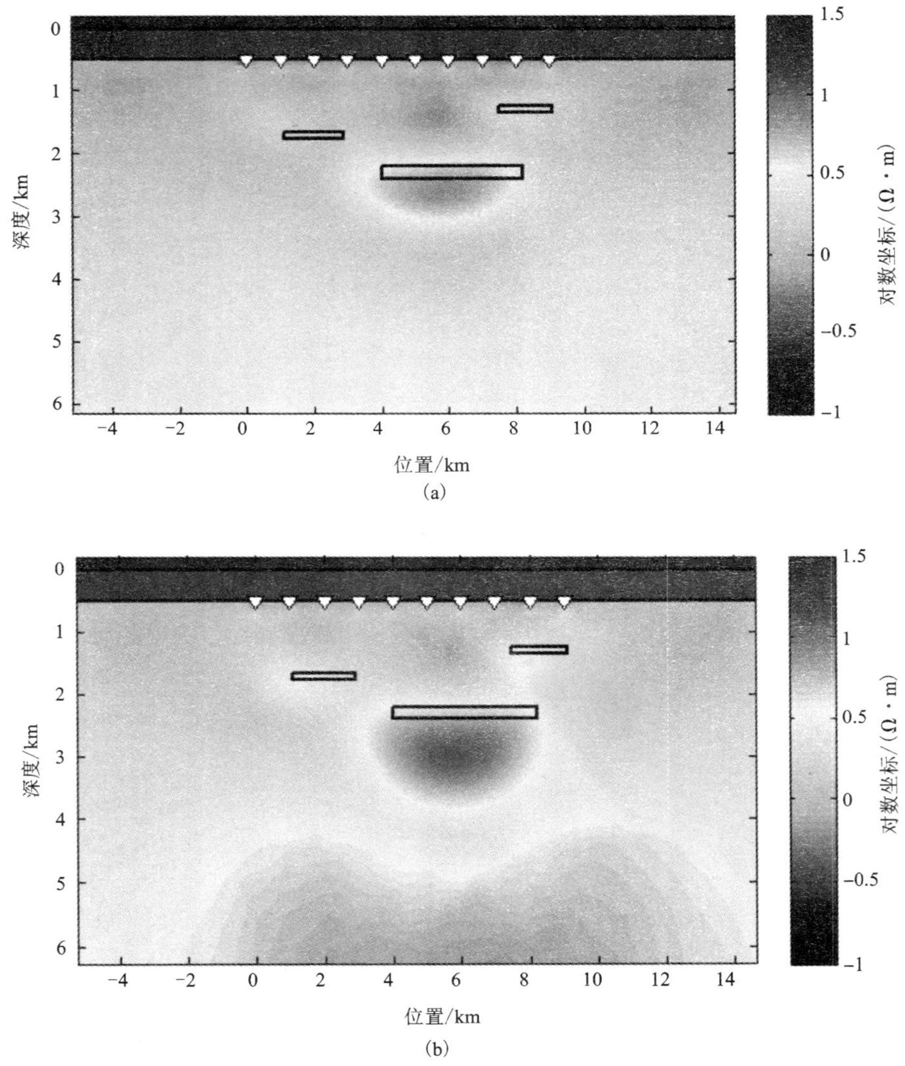

图 6.4　使用 Occam 反演的(a)结构化和(b)非结构化网格反演的水平电阻率(*Rh*)图像

我们还考虑了 *Rv*/*Rh*，即垂直和水平电阻率之间的各向异性比，如图 6.6 所示。

图 6.7 展示的是不同网格反演的拟合差的迭代曲线和粗糙度迭代曲线。两种网格的反演过程的收敛下降的效率是相似的，两种网格的均方根误差在第五次迭代时达到目标拟合差。而粗糙度曲线在模型达到数据拟合差后，开始光滑模型本

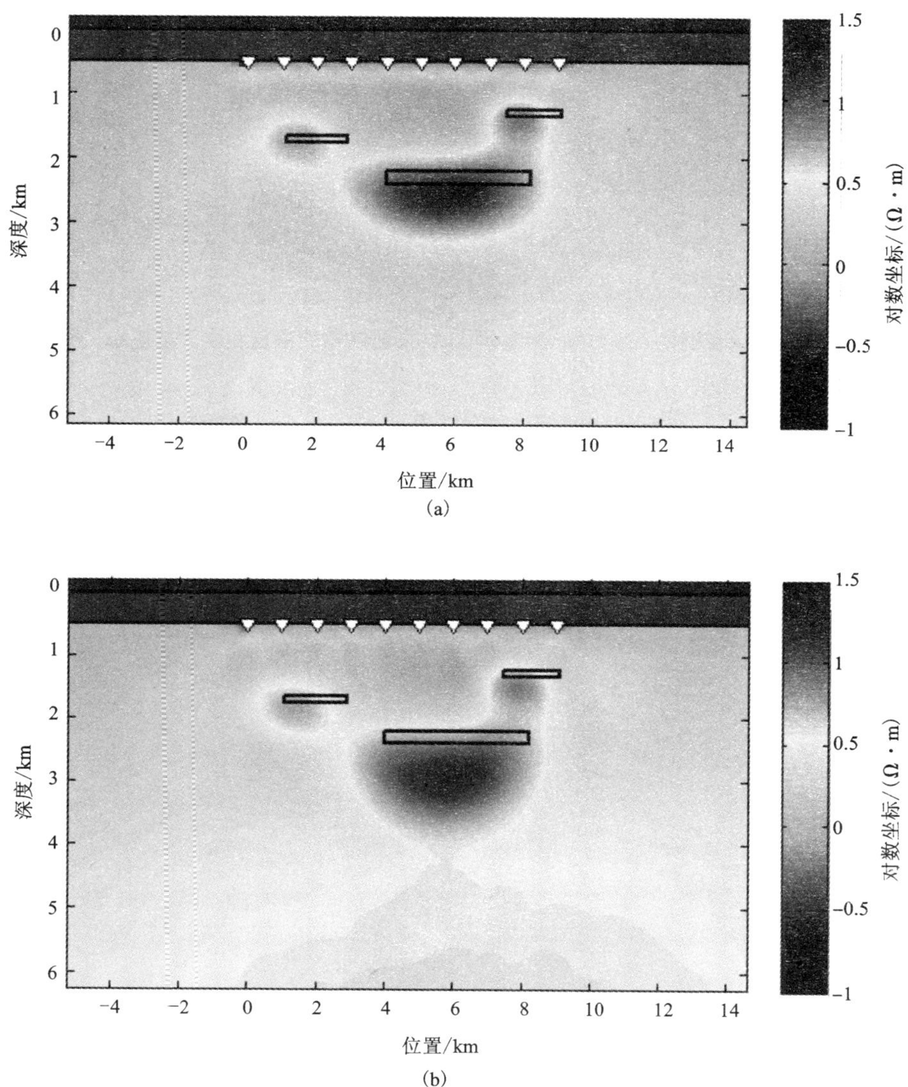

图 6.5　使用 Occam 反演的(a) 结构化和(b) 非结构化网格反演的垂直电阻率(*Rv*) 电阻率图像

身，所以随着迭代次数的增加而减小。为了评价可控源电磁法数据的反演结果，我们计算了反演结果的异常横向电阻(ATR) 比。图 6.8 表明，在每个异常情况下，使用结构化网格的反演的 ATR 比使用非结构化网格的反演大。

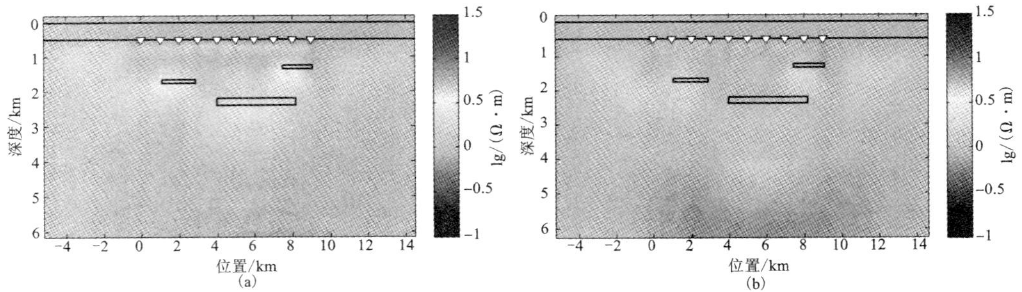

图6.6 使用Occam反演的(a)结构化和(b)非结构化网格的垂直和水平电阻率(*Rv* / *Rh*)的各向异性比

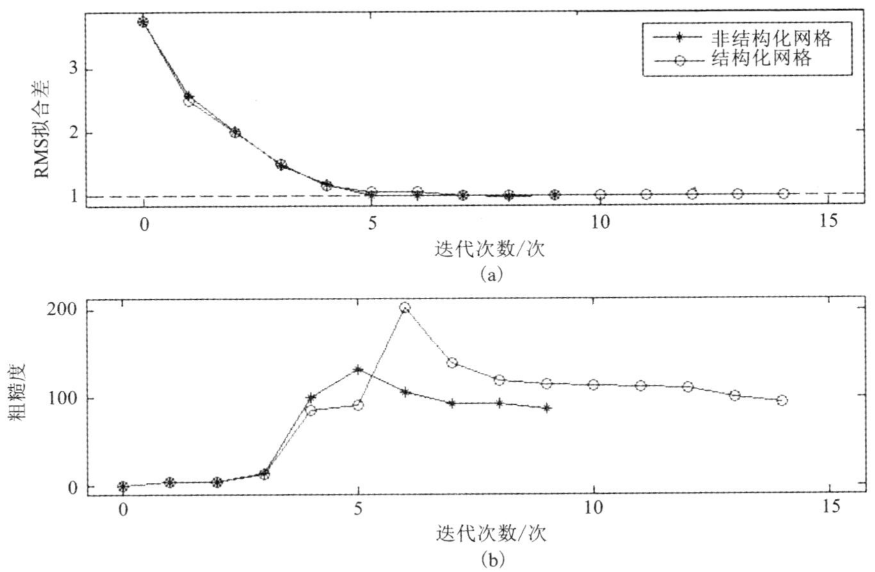

图6.7 在结构和非结构网格的反演的每次迭代中的均方根(RMS)拟合差和粗糙度

6.3.2 复杂几何案例

简单的各向异性模型证明结构化网格提供的结果比非结构化网格更准确。然而，现实世界中的例子并不像图6.1所示那么简单，真实模型可能更复杂。为了测试复杂几何形状的影响，我们采用了Key(2012；2016)发布的成功模型，其中包括倾斜的海底，导电沉积物，盐层，富含碳氢化合物的储层和潜在的电阻率基底(图6.9)。表6－1给出了使用该模型的参数。

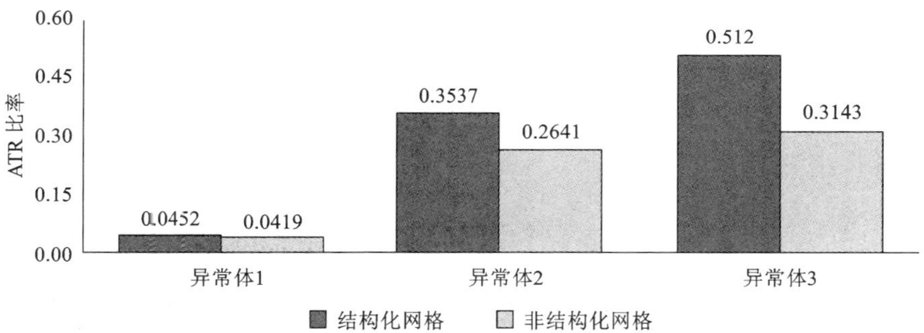

图6.8　使用结构化网格(深色)和非结构化网格(浅色)的反演结果的三个异常体的异常横向阻力(ATR)比率

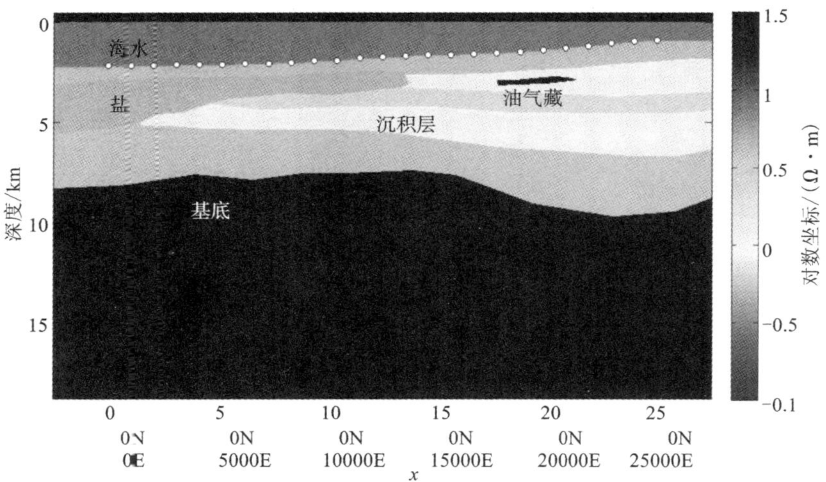

图6.9　一种合成模型，包括倾斜的海底测深、导电沉积物和厚层状电阻，代表盐层、薄电阻碳氢化合物储层和下伏电阻基底。白点是接收器的位置，相隔1.32 km。转载自Key(2012)

表6－1　合成模型的参数

地层	空气	海水	盐	沉积层(棕色)	沉积层(黄色)	基底	基底
电阻率/(Ω·m)	10^{-3}	0.3	4	0.6	1	100	50

Key(2012；2016) 反演了由海洋 CSEM 和大地电磁(MT) 方法创建的合成数据，并且还使用这些数据在复杂模型中联合反演。由于我们在本研究中仅讨论了海洋 CSEM 反演中的结构化和非结构化网格，所以我们仅展示了由海洋 CSEM 合成数据反演的结果和由 CSEM 和 MT 数据进行的联合反演。2D 合成测线方向的 CSEM 数据用 50 个 HED 源测量，采用2% 高斯噪声，在0.25 Hz 和0.75 Hz 处有 20 个接收器。噪声基底在 10^{-15}V / Am^2 以下的数据被分开。

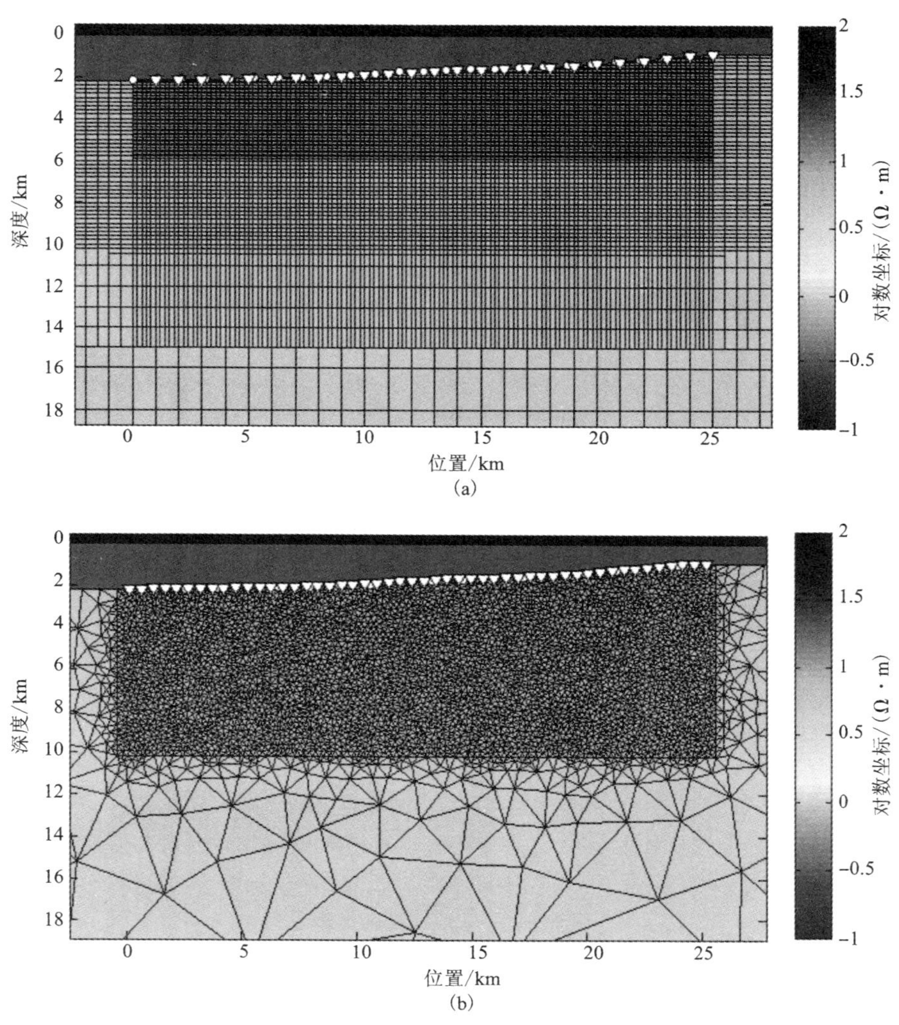

图 6.10 用于反演海洋可控源电磁数据的结构化和非结构化网格

使用结构化和非结构化网格创建起始模型，如图 6.10 所示。用于反演矩形网格中数据的参数数量类似于三角形网格所需的参数数量。这些网格都用于反演 CSEM 合成数据，如图 6.11 所示。两个电阻率图像都根据电阻率异常描述了盐层和油气藏。然而，与结构化网格反演的电阻率图像能提供比具有非结构化网格的图像更平滑的模型。

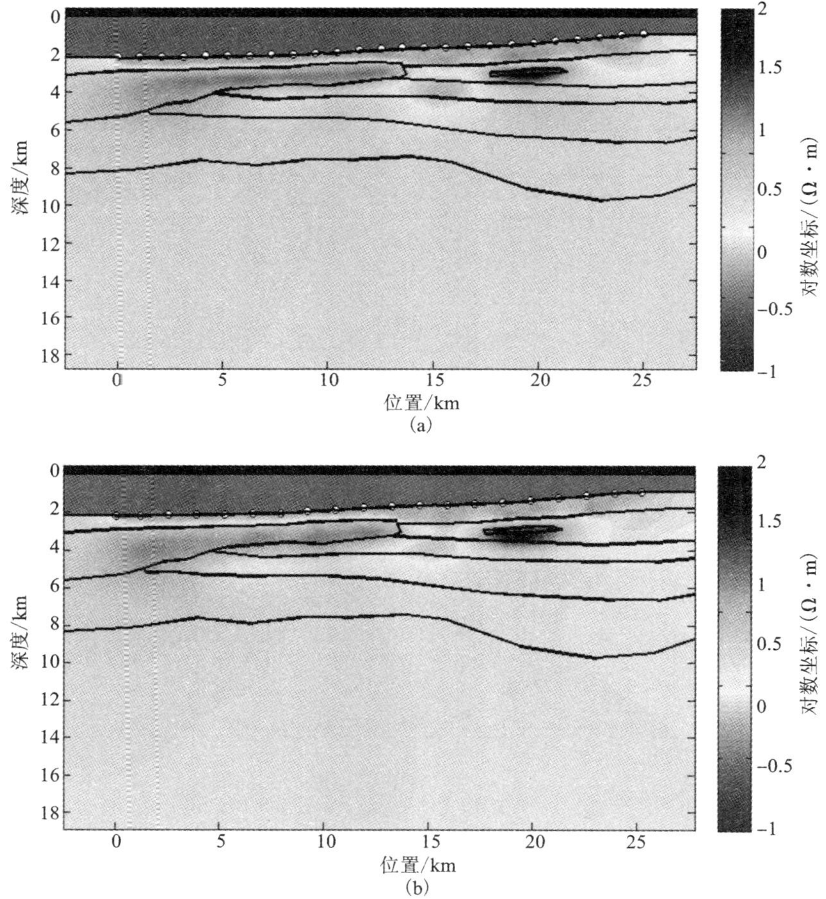

图 6.11　Occam 反演(a) 结构化和(b) 非结构化网格电阻率图像

图 6.12 显示了具有不同网格反演的 RMS 拟合差和每次迭代的粗糙度。两次反演的收敛率相似。两个网格的 RMS 拟合差从相同值开始，并且仅在第 7 次迭代时减少到目标拟合差。结构化网格的粗糙度也在第 7 次迭代时减小。粗糙度曲线显示结构化网格能提供比非结构化网格更平滑的模型。

结构化和非结构化网格在表6－2中进行了详细比较。图6.13显示了海洋CSEM数据的反演时间，这些数据在10个节点上运行，每个节点具有12个Intel Xeon Westmere EP(2.93GHz)簇。结构化网格的反演时间小于非结构化网格的反演时间。自第4次迭代以来，非结构化网格的成本增加，并且在每次迭代时，其建模CPU时间大于结构化网格时间。反演时间的总成本不仅取决于建模的成本，还取决于正演调用的参数数量。

表6－2　结构化和非结构化网格比较的参数

	结构化网格	非结构化网格
模型参数个数／个	9893	10017
输入数据个数／个	1028	1028
并行处理器数量／个	12	12
CPU 建模时间／s	307.35	359.40
CPU 反演时间(总时间)/s	18350	26580
迭代次数／次	11	11
均方根	0.9994	0.9994

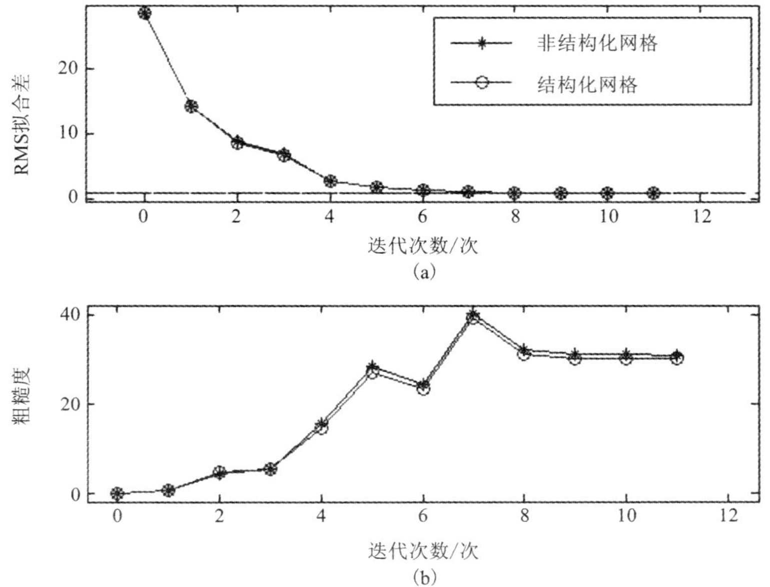

图6.12　使用结构化和非结构化网格的反演的**RMS**拟合差和每次迭代粗糙度

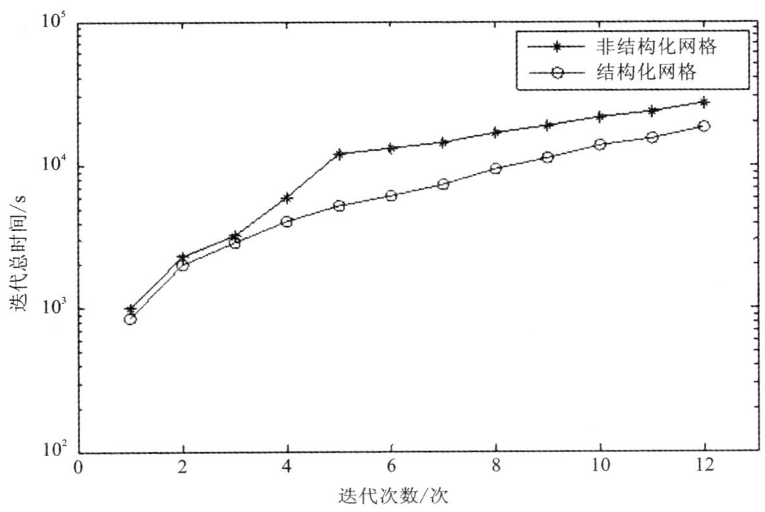

图 6.13　使用结构化和非结构化网格迭代可控源电磁反演的总时间

然后，我们再次计算 ATR 比率以评估 CSEM 合成数据结果。如图 6.14 所示，与具有非结构化网格的图像相比，具有结构化网格的电阻率图像中每个异常处的 ATR 比率更大。换句话说，具有结构化网格的电阻率图像比具有非结构化网格的电阻率图像更接近真实模型。ATR 比率可以评估电阻目标灵敏度。

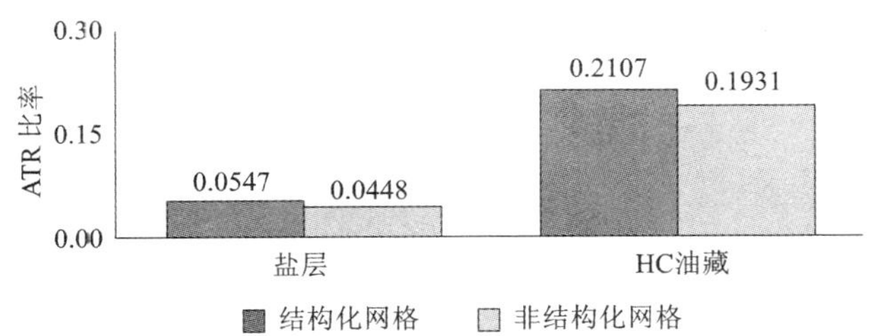

图 6.14　盐层和 HC 储层的异常横向阻力（ATR）比率与结构化网格和非结构化网格的反演结果

6.3.3　具有联合反演的复杂几何案例

我们还联合反演了 CSEM 和 MT 数据，结果如图 6.15 所示。使用 MARE2DEM 代码模拟 MT 数据。2D 合成测线方向 MT 数据是由 25 个接收器计算的，频率范围为 0.001 ~ 1 Hz，其中 2% 高斯噪声添加到合成数据中。两个结果都很好地描述了地质构造。当我们比较图像细节时，具有结构化网格的电阻率图像比非结构化网格更具压缩性的模型。沉积层与盐层和电阻率基底的区别非常大。三角网格通常可以比矩形网格更好地描述复杂模型。然而，在这种比较中，结构化网格可以提供更接近真实模型的平滑模型，因为模型的几何形状是平坦的，而柔和的海底适应于结构化网格。

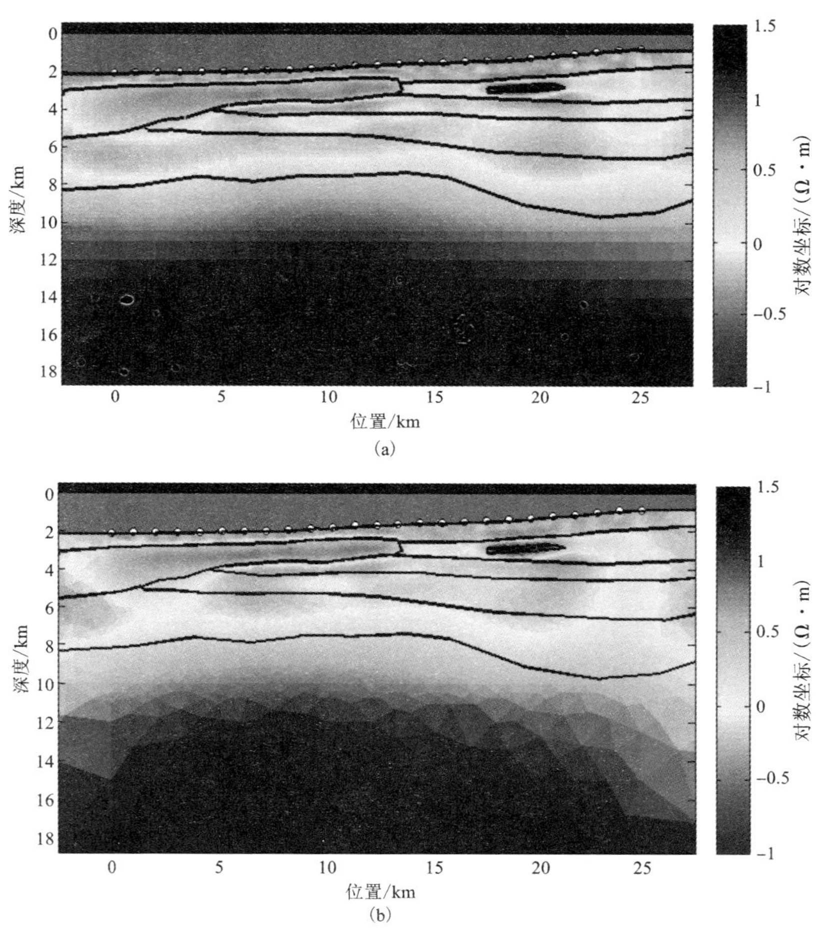

图 6.15　使用(a) 结构化和(b) 非结构化网格，通过可控源电磁和 MT 数据联合反演的电阻率图像

6.4　讨论

本研究旨在扩展我们对基于结构化和非结构化网格的海洋 CSEM 数据建模和反演的理解。采用结构化或非结构化网格的选择基于三个问题：(1) 复杂几何，(2) 准确性，(3) 收敛 CPU 时间(Darmofal，2005)。

Hansen 和 Forsythe(2013) 讨论了正演解决方案的准确性，结构化和非结构化网格用于圆柱体上的流动。Tsoutsanis 等 (2015) 还比较了基于有限体积法的结构化和非结构化网络。反演结果的准确性难以比较。其 ATR 比率表明，在使用合成数据的情况下，结构化网格的电阻率图像比非结构化网格更接近真实模型。

结构化网格[图 6.16(a)] 通常使用有限差分方法。在该方法中，结构化网格计算通过从单元索引中加上或减去一个来找到每个单元的邻近的值。但是，非结构化网格[图 6.16(b)] 需要存储单元到单元指针。为了公平地比较网格，我们将单元格存储在有限元方法的一维数组中。给定相似数量的模型参数，并行处理器和输入数据、使用结构化网格建模和反演所需的时间比非结构化网格要少。

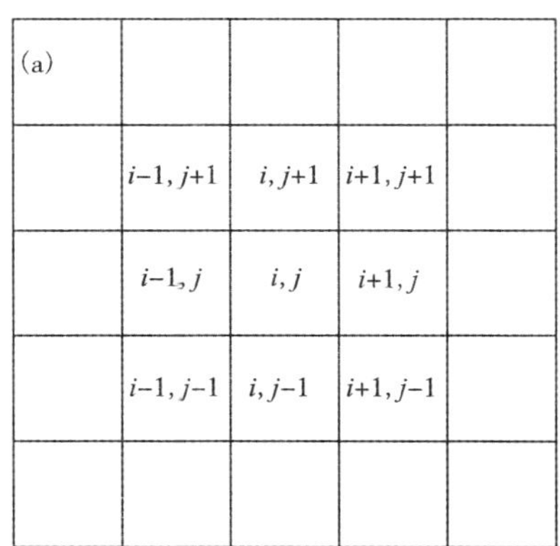

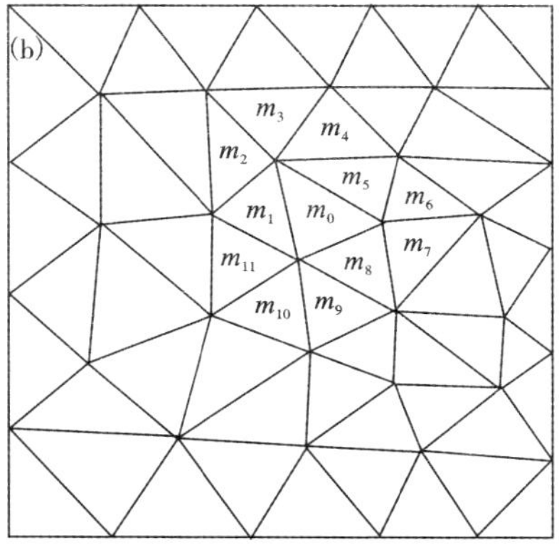

图 6.16　(a) 结构化网格和(b) 非结构化网格

6.5　结论

我们比较了使用结构化和非结构化网格进行的海洋 CSEM 数据反演的结果。为了确定哪个网格更有效，我们考虑了复杂的几何形状，精度和 CPU 收敛时间。然后，比较了简单的各向异性、复杂和联合反演模型的结果。在每种情况下，使用结构化网格的海洋 CSEM 反演提供了比非结构化网格更精确的解决方案。非结构化网格可以很容易地描述复杂的地质结构；然而，在近海油气勘探中，复杂模型是指大规模的地质构造。

我们比较了复杂几何模型中的 CPU 收敛时间。结构化和非结构化网格的反演以相同的比率收敛 RMS，但结构化网格的反演成本低于非结构化网格的成本。因此，我们得出结论，当用于海上勘探时，结构化网格对于海洋 CSEM 反演要好得多。

参考文献

[1] Aftosmis M, Gaitonde D, Tavares T S. Behavior of linear reconstruction techniques on unstructured meshes[J]. AIAA journal, 1995, 33(11): 2038 - 2049.

[2] Abubakar A, Habashy T M, Druskin V L, et al. 2.5 D forward and inverse modeling for interpreting low - frequency electromagnetic measurements[J]. Geophysics, 2008, 73(4): 165 - 177.

[3] Amaya M, Morten J P, Boman L. Efficient computation of approximate low - rank hessian for 3D CSEM inversion[C]//SEG Technical Program Expanded Abstracts 2014. Society of Exploration Geophysicists, 2014: 722 - 726.

[4] Amundsen L, Løseth L, Mittet R, et al. Decomposition of electromagnetic fields into upgoing and downgoing components[J]. Geophysics, 2006, 71(5): G211 - G223. Anderson C, Mattson J. An integrated approach to marine electromagnetic surveying using a towed streamer and source[J]. First Break, 2010, 28(5).

[5] Ando S. Image field categorization and edge/corner detection from gradient covariance[J]. IEEE Transactions on Pattern Analysis and Machine Intelligence, 2000, 22(2): 179 - 190.

[6] Arato A, Godio A, Sambuelli L. Staggered grid inversion of cross hole 2 - D resistivity tomography[J]. Journal of Applied Geophysics, 2014, 107: 60 - 70.

[7] Baba K. Electrical structure in marine tectonic settings[J]. Surveys in Geophysics, 2005, 26(6): 701 - 731.

[8] Baghaie A. Yu Z. Structure tensor based image interpolation method[J]. AEU - International Journal of Electronics and Communications, 2015, 69(2): 515 - 522.

[9] Bahorich M, Farmer S. 3 - D seismic discontinuity for faults and stratigraphic features: The coherence cube[J]. The leading edge, 1995, 14(10): 1053 - 1058.

[10] Baker T J Mesh generation: art or science? [J]. Prog. Aerosp. Sci. 41, 29 - 63. https://doi.org/10.1016/j.paerosci.2005.02.002.

[11] Baltar D, Roth F. Reserves estimation methods for prospect evaluation with 3D CSEM data[J]. first break, 2013, 31(6).

[12] Bannister P R Determination of the electrical conductivity of the sea bed in shallow

waters[J]. Geophysics, 1968, 33 (6): 995 - 1003.

[13]Bono G, Awruch A M. Numerical study between structured and unstructured meshes for Euler and Navier - Stokes equations[J]. Mec. Comput, 2007, 26: 3134 - 3146.

[14]Brevik I, Gabrielsen P T, Morten J P. The role of EM rock physics and seismic data in integrated 3D CSEM data analysis[C]//SEG Technical Program Expanded Abstracts 2009. Society of Exploration Geophysicists, 2009: 835 - 839.

[15]Brown V, Key K, Singh S. Seismically regularized controlled - source electromagnetic inversion[J]. Geophysics, 2012, 77(1): E57 - E65.

[16]Chopra S, Marfurt K J. Seismic attributes for prospect identification and reservoir characterization[C]//Society of Exploration Geophysicists and European Association of Geoscientists and Engineers, 2007.

[17]Coggon J H. Electromagnetic and electrical modeling by the finite element method[J]. Geophysics, 1971, 36(1): 132 - 155.

[18]Böhm G, Galuppo P, Vesnaver A. 3D adaptive tomography using Delaunay triangles and Voronoi polygons[J]. Geophysical Prospecting, 2000, 48(4): 723 - 744.

[19]Cagniard L. Basic theory of the magneto - telluric method of geophysical prospecting[J]. Geophysics, 1953, 18(3): 605 - 635.

[20]Chave A D. On the electromagnetic fields produced by marine frequency domain controlled sources[J]. Geophysical Journal International, 2009, 179 (3): 1429 - 1457.

[21]Chen J, Alumbaugh D L. Three methods for mitigating airwaves in shallow water marine controlled - source electromagnetic data[J]. Geophysics, 2011, 76(2): F89 - F99.

[22]Commer M, Newman G A. New advances in three - dimensional controlled - source electromagnetic inversion[J]. Geophysical Journal International, 2008, 172(2): 513 - 535.

[23]Constable S. Ten years of marine CSEM for hydrocarbon exploration[J]. Geophysics, 2010, 75(5): 75A67 - 75A81.

[24]Constable S, Cox C S. Marine controlled - source electromagnetic sounding: 2. The PEGASUS experiment[J]. Journal of Geophysical Research: Solid Earth, 1996, 101(B3): 5519 - 5530.

[25]Constable S C, Orange A S, Hoversten G M, et al. Marine magnetotellurics for petroleum exploration Part I: A sea - floor equipment system[J]. Geophysics, 1998, 63(3): 816 - 825.

[26]Constable S C, Parker R L, Constable C G. Occam's inversion: A practical algorithm for generating smooth models from electromagnetic sounding data[J]. Geophysics, 1987, 52(3): 289 - 300.

[27]Constable S, Srnka L J. An introduction to marine controlled - source electromagnetic

methods for hydrocarbon exploration[J]. Geophysics, 2007, 72(2): WA3 – WA12.

[28]da Silva N V, Morgan J, Warner M, et al. 3D constrained inversion of CSEM data with acoustic velocity using full waveform inversion[C]//SEG expanded abstracts, 2012.

[29]Darmofal D. 2005.16.100 Aerodynamics. Fall 2005. Massachusetts Institute of Technology (MIT) Open Course Ware. http://hdl.handle.net/1721.1/36884.

[30]de Groot – Hedlin C, Constable S. Inversion of magnetotelluric data for 2D structure with sharp resistivity contrasts[J]. Geophysics, 2004, 69(1): 78 – 86.

[31]Edwards N. Marine controlled source electromagnetics: principles, methodologies, future commercial applications[J]. Surveys in Geophysics, 2005, 26(6): 675 – 700.

[32]Eidesmo T S, Ellingsrud S E, Johansen and R. Mitte. Seabed logging heads advances in long – offset electromagnetic surveying[J]. Oil and Gas Journal, 2005, 103(41): 34 – 41.

[33]Eidesmo T, Ellingsrud S, Macgregor L M, et al. Remote detection of hydrocarbon filled layers using marine controlled source electromagnetic sounding[C]//EAGE 64th Conference & Exhibition – Florence, Italy. 2002: 27 – 30.

[34]Eidesmo T, Ellingsrud S, MacGregor L M, et al. Sea bed logging (SBL), a new method for remote and direct identification of hydrocarbon filled layers in deepwater areas[J]. First break, 2002, 20(3).

[35]Ellingsrud S, Eidesmo T, Johansen S, et al. Remote sensing of hydrocarbon layers by seabed logging (SBL): Results from a cruise offshore Angola[J]. The Leading Edge, 2002, 21(10): 972 – 982.

[36]Farquharson C G, Miensopust M P. Three – dimensional finite – element modelling of magnetotelluric data with a divergence correction[J]. Journal of Applied Geophysics, 2011, 75(4): 699 – 710.

[37]Fehmers G C, Höcker C F W. Fast structural interpretation with structure – oriented filtering[J]. Geophysics, 2003, 68(4): 1286 – 1293.

[38]Folke E J, Mattson, J Linfoot. Efficient marine CSEM with a towed acquisition system[C]//21st EM Induction Workshop, 2012.

[39]Gabrielsen P T, Brevik I, Mittet R, et al. Investigating the exploration potential for 3D CSEM using a calibration survey over the Troll Field[J]. First Break, 2009, 27(6): 67 – 75.

[40]Gallardo L A, Meju M A. Characterization of heterogeneous near - surface materials by joint 2D inversion of dc resistivity and seismic data[J]. Geophysical Research Letters, 2003, 30(13).

[41]Grayver A V, Streich R, Ritter O. Three – dimensional parallel distributed inversion of CSEM data using a direct forward solver[J]. Geophysical Journal International, 2013, 193(3): 1432 – 1446.

[42]Gersztenkorn A, Marfurt K J. Eigenstructure – based coherence computations as an aid to 3 – D structural and stratigraphic mapping[J]. Geophysics, 1999, 64(5): 1468 – 1479.

[43]Gribenko A, Zhdanov M. Rigorous 3D inversion of marine CSEM data based on the integral equation method[J]. Geophysics, 2007, 72(2): WA73 – WA84.

[44]Guo Z, Dong H. Seismic Coherence Driven Sparse Mesh for CSEM Inversion[J]. In 8th Congress of the Balkan Geophysical Society, 2015.

[45]Guo Z, Dong H, Kristensen Å. Sparse CSEM inversion driven by seismic coherence[J]. Journal of Geophysics and Engineering, 2016, 13(6): 858 – 867.

[46]Guo Z, Dong H, Kristensen Å. Image – guided Regularized Marine Controlled Source Electromagnetic Inversion[J]. In 78th EAGE Conference and Exhibition 2016.

[47]Guo Z, Dong H, Kristensen Å. Image – guided regularization of marine electromagnetic inversion[J]. Geophysics, 2017, 82(4): 1 – 66.

[48]Guo Z, Liu J, Liao J, Xiao J. Comparison of Detection Capability by the Controlled Source Electromagnetic Method for Hydrocarbon Exploration[J]. Energies,. 2018: 11(7), p. 1839.

[49]Guo Z. Xiao J P, Liu J X, et al. Comparison of structured and unstructured grids in marine controlled source electromagnetic inversion for offshore hydrocarbon exploration[J]. Marine and Petroleum Geology. 2019, 100: 204 – 211.

[50]Haber E, Ascher U M, Aruliah D A, et al. Fast simulation of 3D electromagnetic problems using potentials[J]. Journal of Computational Physics, 2000, 163(1): 150 – 171.

[51]Hale D. Image – guided blended neighbor interpolation[J]. CWP Report, 2009, 634(634).

[52]Hale D. Structure – oriented smoothing and semblance[J]. CWP Report, 2009b, 635(635).

[53]Hansen R P, Forsythe J R, A comparison of structured and unstructured grid solutions for flow over a circular cylinder[J]. In User Group Conference, 2003: 104 – 112.

[54]Hansen K R, Mittet R. Incorporating seismic horizons in inversion of CSEM data[C]//SEG Technical Program Expanded Abstracts 2009. Society of Exploration Geophysicists, 2009: 694 – 698.

[55]Harb N, Haddad K, Samer F. calculations of transverse resistance to correct aquifer resistivity of groundwater saturated zones: implications for estimating its Hydrogeological properties"[J]. Lebanese Science Journal, 2010, 11(1): 105 – 115.

[56]Harris C G, Stephens M. A combined corner and edge detector[C]//Alvey vision conference. 1988, 15(50): 10 – 5244.

[57]Holten T, Flekkøy E G, Singer B, et al. Vertical source, vertical receiver, electromagnetic technique for offshore hydrocarbon exploration[J]. first break, 2009, 27(5).

[58]Holten T, Flekkøy E G, Måløy K J, et al. Vertical source and receiver CSEM method in time – domain[C]//SEG Technical Program Expanded Abstracts 2009. Society of Exploration

Geophysicists, 2009: 749 - 753.

[59]Hoversten G M, Cassassuce F, Gasperikova E, et al. Direct reservoir parameter estimation using joint inversion of marine seismic AVA and CSEM data[J]. Geophysics, 2006, 71(3): C1 - C13.

[60]Hu W, Abubakar A, Habashy T M. Joint electromagnetic and seismic inversion using structural constraints[J]. Geophysics, 2009, 74(6): R99 - R109.

[61]Jean-Louis Chardac, Mario Petricola, Scott Jacobsen and Bob Dennis[J]. In Search of Saturation. 1996. Middle East Well Evaluation Review.

[62]Johansen S E, Amundsen H E F, Røsten T, et al. Subsurface hydrocarbons detected by electromagnetic sounding[J]. First break, 2005, 23(3): 31 - 36.

[63]Key K. 1D inversion of multi - component, multi - frequency marine CSEM data: Methodology and synthetic studies for resolving thin resistive layers[J]. Geophysics, 2009: 74(2), F9 - F20.

[64]Key K. Marine electromagnetic studies of seafloor resources and tectonics[J]. Surveys in geophysics, 2012, 33(1): 135 - 167.

[65]Key K. Marine EM inversion using unstructured grids: A 2D parallel adaptive finite element algorithm[C]//SEG Technical Program Expanded Abstracts 2012. Society of Exploration Geophysicists, 2012: 1 - 5.

[66]Key K, Du Z, Mattsson J, et al. Anisotropic 2.5 D inversion of Towed Streamer EM data from three North Sea fields using parallel adaptive finite elements[C]//76th EAGE Conference and Exhibition 2014. 2014.

[67]Key K. MARE2DEM: a 2 - D inversion code for controlled - source electromagnetic and magnetotelluric data[J]. Geophysical Journal International, 2016, 207(1): 571 - 588.

[68]Key K, Ovall J. A parallel goal - oriented adaptive finite element method for 2.5 - D electromagnetic modelling[J]. Geophysical Journal International, 2011, 186(1): 137 - 154.

[69]Key K, Weiss C. Adaptive finite - element modeling using unstructured grids: The 2D magnetotelluric example[J]. Geophysics, 2006, 71(6): G291 - G299.

[70]Köthe U. Edge and junction detection with an improved structure tensor[C]//Joint Pattern Recognition Symposium. Springer, Berlin, Heidelberg, 2003: 25 - 32.

[71]Li Y and Key K. 2D marine controlled - source electromagnetic modeling: Part1_An adaptive finite - element algorithm[J]. Geophysics, 2007, 72 (2): WA51 - WA62.

[72]Linfoot J, Mattsson J, Price D. Case study of a towed streamer EM survey over the Troll field, North Sea[C]//SEG Technical Program Expanded Abstracts 2011. Society of Exploration Geophysicists, 2011: 594 - 598.

[73] Linfoot J P, Clarke C, Mattsson J, et al. Modeling and analysis of towed EM data – An example from a North Sea field trial[C]//73rd EAGE Conference and Exhibition incorporating SPE EUROPEC 2011. 2011.

[74] Løseth L O. Modelling of controlled source electromagnetic data, PhD Thesis[D]. Norwegian University of Science and Technology, 2007.

[75] Liu Y, Xu Z, Li Y. Adaptive finite element modelling of three – dimensional magnetotelluric fields in general anisotropic media[J]. Journal of Applied Geophysics, 2018, 151: 113 – 124.

[76] Ma Y, Hale D, Gong B, et al. Image – guided sparse – model full waveform inversion[J]. Geophysics, 2012, 77(4): R189 – R198.

[77] Maaø F A, Nguyen A K. Enhanced subsurface response for marine CSEM surveying[J]. Geophysics, 2010, 75(3): A7 – A10.

[78] MacGregor L, Sinha M. Use of marine controlled – source electromagnetic sounding for sub – basalt exploration[J]. Geophysical Prospecting, 2000, 48(6): 1091 – 1106.

[79] MacGregor L, Tomlinson J. Marine controlled – source electromagnetic methods in the hydrocarbon industry: A tutorial on method and practice Tutorial on marine CSEM method and practice[J]. Interpretation, 2014, 2(3): SH13 – SH32.

[80] McOwen R. Partial Differential Equations: Methods and Applications[M]// Prentice – Hall, 1996.

[81] Mastrangelo E. Overview of US Legislation and Regulations Affecting Offshore Natural Gas and Oil Activity[J]. Energy Information Administration, Office of Oil and Gas, September, 2005.

[82] Mattsson J, Lindqvist P, Juhasz R, et al. Noise reduction and error analysis for a towed EM system[C]//SEG Technical Program Expanded Abstracts 2012. Society of Exploration Geophysicists, 2012: 1 – 5.

[83] Mittet R. High – order finite – difference simulations of marine CSEM surveys using a correspondence principle for wave and diffusion fields FDTD simulation of marine CSEM surveys[J]. Geophysics, 2010, 75(1): F33 – F50.

[84] Mittet R. Normalized amplitude ratios for frequency – domain CSEM in very shallow water[J]. First Break, 2008, 26(11): 47 – 54.

[85] Mittet R, Morten J P. Detection and imaging sensitivity of the marine CSEM method[J]. Geophysics, 2012, 77(6): E411 – E425.

[84] Mittet R, Morten J P. The marine controlled – source electromagnetic method in shallow water[J]. Geophysics, 2013, 78(2): E67 – E77.

[87] Mittet R and Tor Schaug – Pettersen. Shaping optimal transmitter waveforms for mmarinne

CSEM surveys[J]. Geophysics. 2008, 73(3): F97 - F104.

[88]Michelini A. An adaptive - grid formalism for traveltime tomography[J]. Geophysical Journal International. 1995, 121(2): 489 - 510.

[89]Morten J P, Roth F, Karlsen S A, et al. Field appraisal and accurate resource estimation from 3D quantitative interpretation of seismic and CSEM data[J]. The Leading Edge, 2012, 31(4): 447 - 456.

[90]Newman G A. Alumbaugh D L. Frequency - domain modelling of airborne electromagnetic responses using staggered finite differences[J]. Geophysical Prospecting, 1995, 43(8): 1021 - 1042.

[91]Newman G A, Alumbaugh D L. Three - dimensional magnetotelluric inversion using non - linear conjugate gradients[J]. Geophysical journal international, 2000, 140(2): 410 - 424.

[92]Newman G A, Commer M, Carazzone J J. Imaging CSEM data in the presence of electrical anisotropy[J]. Geophysics, 2010, 75(2): F51 - F61.

[93]Parker R L. The inverse problem of electromagnetic induction: existence and construction of solutions based on incomplete data[J]. Journal of Geophysical Research, Solid Earth, 1980: 4421 - 4428.

[94]Parker R L, Parker R L. Geophysical inverse theory[M]. Princeton university press, 1994.

[95]Plessix R E, M Darnet and W A Mulder. An approach for 3D multi - source, multi - frequency CSEM modelling[J]. Geophysics, 2007, 72(5): SM177 - SM184.

[96]Ray A, Key K. Bayesian inversion of marine CSEM data with a trans - dimensional self parametrizing algorithm[J]. Geophysical Journal International, 2012, 191(3): 1135 - 1151. Ray A, Key K, Bodin T, et al. Bayesian inversion of marine CSEM data from the Scarborough gas field using a transdimensional 2 - D parametrization[J]. Geophysical Journal International, 2014, 199(3): 1847 - 1860.

[97]Ren Z, Kalscheuer T, Greenhalgh S, et al. A hybrid boundary element - finite element approach to modeling plane wave 3D electromagnetic induction responses in the Earth[J]. Journal of Computational Physics, 2014, 258: 705 - 717.

[98]Ren Z, Tang J. 3D direct current resistivity modeling with unstructured mesh by adaptive finite - element method[J]. Geophysics, 2010, 75(1): H7 - H17.

[99]Rodi W L. A technique for improving the accuracy of finite element solutions for magnetotelluric data[J]. Geophysical Journal International, 1976, 44(2): 483 - 506.

[100]Rodi W, Mackie R L. Nonlinear conjugate gradients algorithm for 2 - D magnetotelluric inversion[J]. Geophysics, 2001, 66(1): 174 - 187.

[101]Shantsev D V, Roth F, Ramsfjell H. Surface towing versus deep towing in marine CSEM[C]//SEG Technical Program Expanded Abstracts 2012. Society of Exploration

Geophysicists, 2012: 1 - 5.

[102] Shewchuk J R. Triangle: Engineering a 2D quality mesh generator and Delaunay triangulator[C]//Workshop on Applied Computational Geometry. Springer, Berlin, Heidelberg, 1996: 203 - 222.

[103] Shewchuk J R. What Is a Good Linear Element? Interpolation, Conditioning, and Quality Measures[M], Eleventh International Meshing Roundtable (Ithaca, New York), pages 115 - 126, Sandia National Laboratories, September 2002.

[104] Tchon K F, Dompierre J, Vallet M G, et al. Two - dimensional metric tensor visualization using pseudo - meshes[J]. Engineering with Computers, 2006, 22(2): 121 - 131.

[105] Tikhnov A N. The determination of the electrical properties of deep layers of the earth's crust[J], Dokl Acad Nauk SSR, 1950, 73: 295 - 297.

[106] Tikhonov A N, Arsenin V Y. Solutions of Ill - Posed Problems[J]. Wiley, 1977.

[107] Tsoutsanis P, Kokkinakis I W, Könözsy L, et al. Comparison of structured - and unstructured - grid, compressible and incompressible methods using the vortex pairing problem[J]. Computer Methods in Applied Mechanics and Engineering, 2015, 293: 207 - 231.

[108] Wannamaker P E, Stodt J A, Rijo L. Two - dimensional topographic responses in magnetotellurics modeled using finite elements[J]. Geophysics, 1986, 51(11): 2131 - 2144.

[109] Constable S, Weiss C J. Mapping thin resistors and hydrocarbons with marine EM methods: Insights from 1D modeling[J]. Geophysics, 2006, 71(2): G43 - G51.

[110] Wiik T, Nordskag J I, Dischler E Ø, et al. Inversion of inline and broadside marine controlled - source electromagnetic data with constraints derived from seismic data[J]. Geophysical Prospecting, 2015, 63(6): 1371 - 1382.

[111] Wu X. Directional structure - tensor - based coherence to detect seismic faults and channels[J]. Geophysics, 2017, 82(2): A13 - A17.

[112] Wu X and D Hale. Horizon volumes with interpreted constraints[J]. Geophysics, 2015, 80(2): IM21 - IM33.

[113] Wu X, Hale D. 3D seismic image processing for faults[J]. Geophysics, 2016, 81(2): IM1 - IM11.

[114] Wu X, Hale D. Automatically interpreting all faults, unconformities, and horizons from 3D seismic images[J]. Interpretation, 2016, 4(2): T227 - T237.

[115] Zach J J, Frenkel M A. 3D inversion - based interpretation of marine CSEM data[J]. SPE Reservoir Evaluation & Engineering, 2012, 15(03): 321 - 334.

[116] Zhang B, Yin C and Ren X. Adaptive finite element for 3D time - domain airborne

electromagnetic modeling based on hybrid posterior error estimation[J]. Geophysics, 2018, 83(2): WB71 - WB79.

[117]Zhdanov M S. Geophysical inverse theory and regularization problems[M]. Elsevier, 2002.

[118]Zhdanov M S, Gribenko A, Čuma M. Regularized focusing inversion of marine CSEM data using minimum vertical - support stabilizer[C]//SEG Technical Program Expanded Abstracts 2007. Society of Exploration Geophysicists, 2007: 579 - 583.

[119]Zhou J, Revil A,Karaoulis M, Hale D. Image - guided inversion of electrical resistivity data[C] //84th Annual International Meeting, SEG, Expanded Abstract, 2014: 2148 - 2152.

[120]Zhou J, Revil A, Karaoulis M, et al. Image - guided inversion of electrical resistivity data[J]. Geophysical Journal International, 2014, 197(1): 292 - 309.

[121]Zhou J, Revil A, Jardani A. Stochastic structure - constrained image - guided inversion of geophysical data[J]. Geophysics, 2016, 81(2): E89 - E101.

[122]Ziolkowski A, Parr R, Wright D, et al. Multi - transient electromagnetic repeatability experiment over the North Sea Harding field[J]. Geophysical Prospecting, 2010, 58(6): 1159 - 1176.

[123]Zonge K L, Hughes L J. Controlled source audio - frequency magnetotellurics[M]// Electromagnetic Methods in Applied Geophysics: Volume 2, Application, Parts A and B. Society of Exploration Geophysicists, 1991: 713 - 810.

[124] 陈光源，杜立彬，景建恩，等. 2.5 维海洋可控源电磁反演算法及影响参数研究[J]. 地球物理学进展，2016，31(4)：1796 - 1802.

[125] 付长民，底青云，王妙月. 海洋可控源电磁法三维数值模拟[J]. 石油地球物理勘探，2009，44(3)：358 - 363.

[126] 何展翔，王志刚，孟翠贤，等. 基于三维模拟的海洋 CSEM 资料处理[J]. 地球物理学报，2009，52(8)：2165 - 2173.

[127] 杨军，刘颖，吴小平. 海洋可控源电磁三维非结构矢量有限元数值模拟[J]. 地球物理学报，2015，58(8)：2827 - 2838.

[128] 刘颖，李予国，柳建新，等. 海洋可控源电磁场的一维反演[J]. 中国有色金属学报，2013，23(9)：2551 - 2556.

[129] 徐凯军，杜润林，刘展. 海洋可控源电磁与地震一维联合储层参数反演[J]. 石油地球物理勘探，2016，51(1)：197 - 203.

[130] 彭荣华，胡祥云，韩波. 基于高斯牛顿法的频率域可控源电磁三维反演研究[J]. 地球物理学报，2016，59(9)：3470 - 3481.

[131] 殷长春，贲放，刘云鹤，等. 三维任意各向异性介质中海洋可控源电磁法正演研究[J]. 地球物理学报，2014，57(12)：4110 - 4122.

[132] 赵宁，王绪本，秦策，等. 三维频率域可控源电磁反演研究[J]. 地球物理学报，2016，59(1)：330 – 341.

[133] 赵宁，王绪本，秦策，等. 基于 VTI 各向异性介质的频率域海洋可控源电磁三维约束反演[J]. 地球物理学报，2017，60(5)：1946 – 1954.

附录　彩图

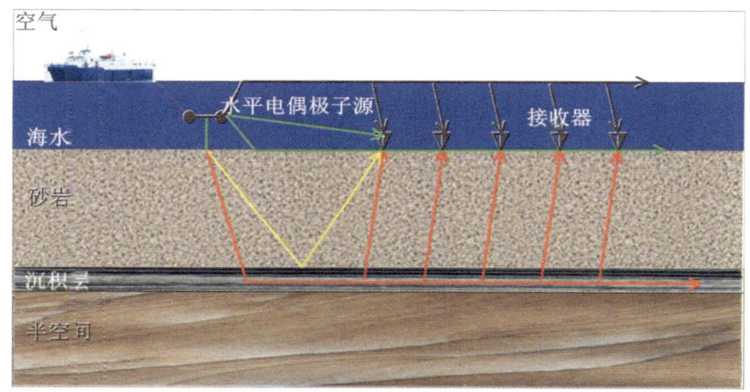

图 2.1　海洋可控源电磁法的信号传播路径示意图

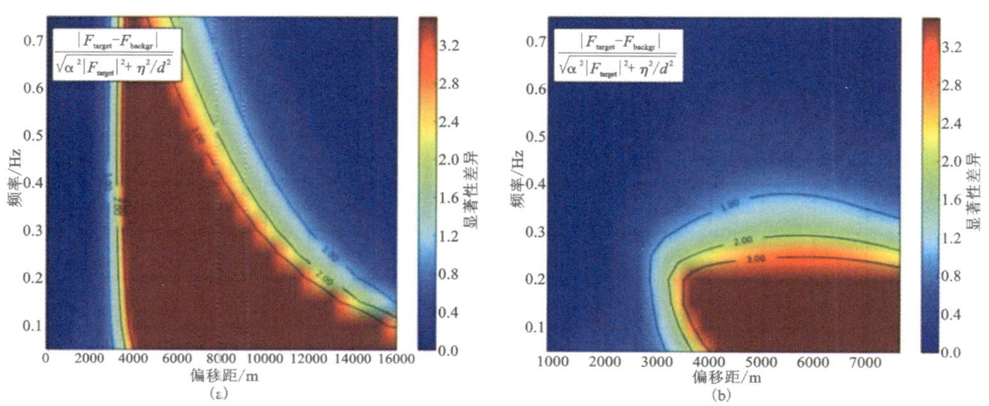

图 3.4　灵敏度曲线随频率和偏移距的变化，(a) 海底基站式；(b) 拖曳拖缆式

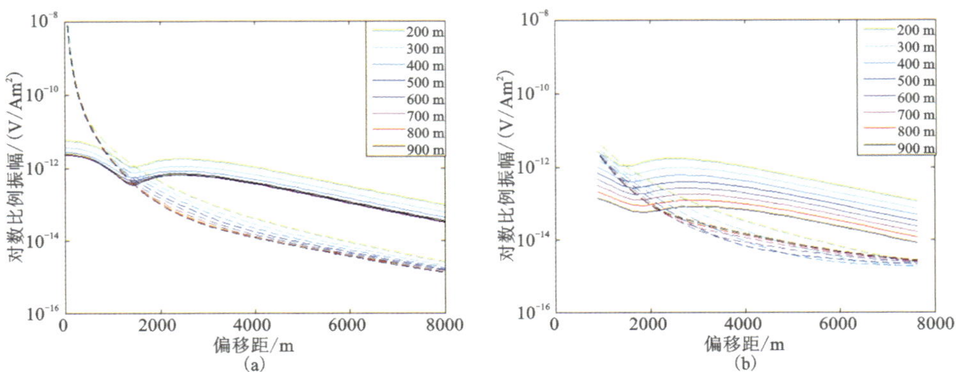

图3.5　电磁异常场数据(实线)和不确定度(虚线)随偏移距的变化在不同水深下的反应,(a)海底基站式;(b)拖曳拖缆式

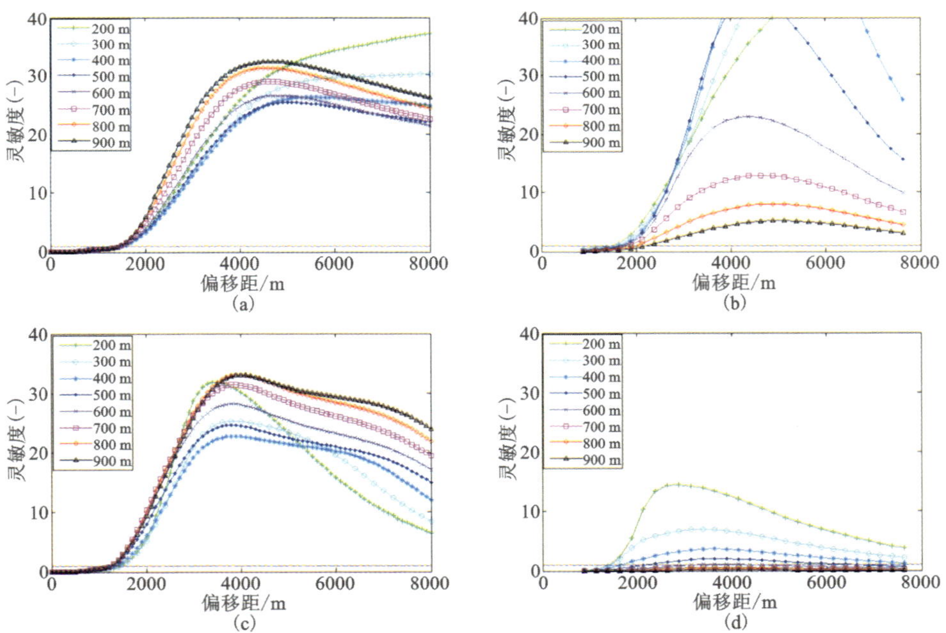

图3.6　可控源电磁法的灵敏度随偏移距和水深的变化。(a)和(c)海底基站式;(b)和(d)拖曳拖缆式。其中(a)和(b)是源发射0.25 Hz信号;(c)和(d)是源发射0.75 Hz信号

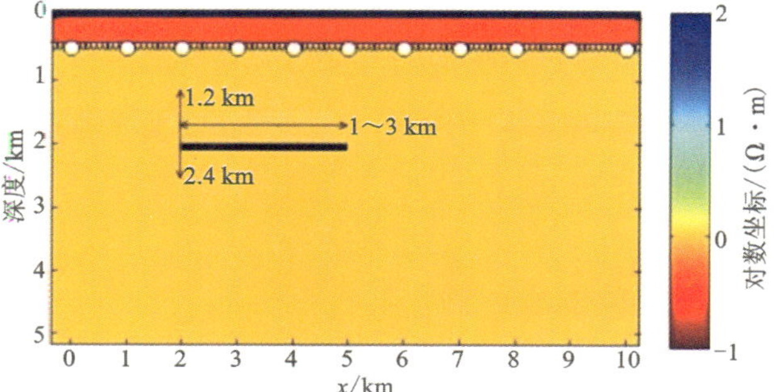

图 3.9　简单的二维电阻率层状介质模型

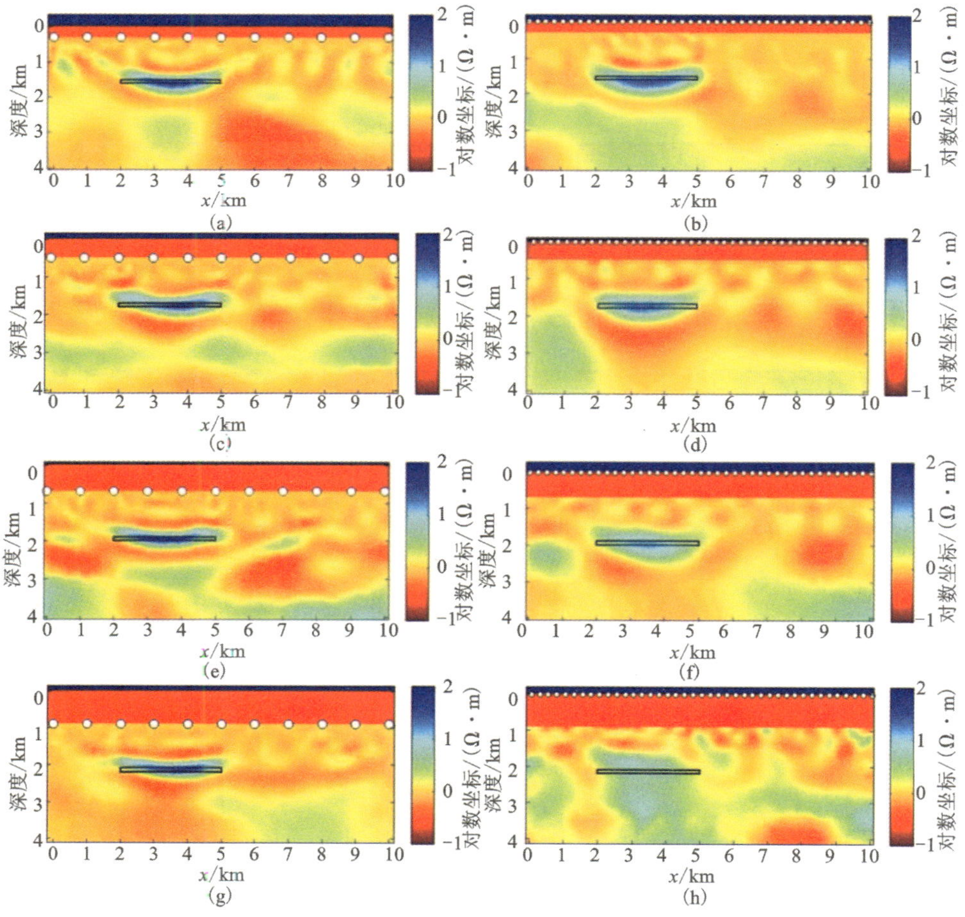

图 3.11　海底基站式系统[(a)、(c)、(e)、(g)]和拖曳拖缆式系统[(b)、(d)、(f)、(h)]随水深的变化

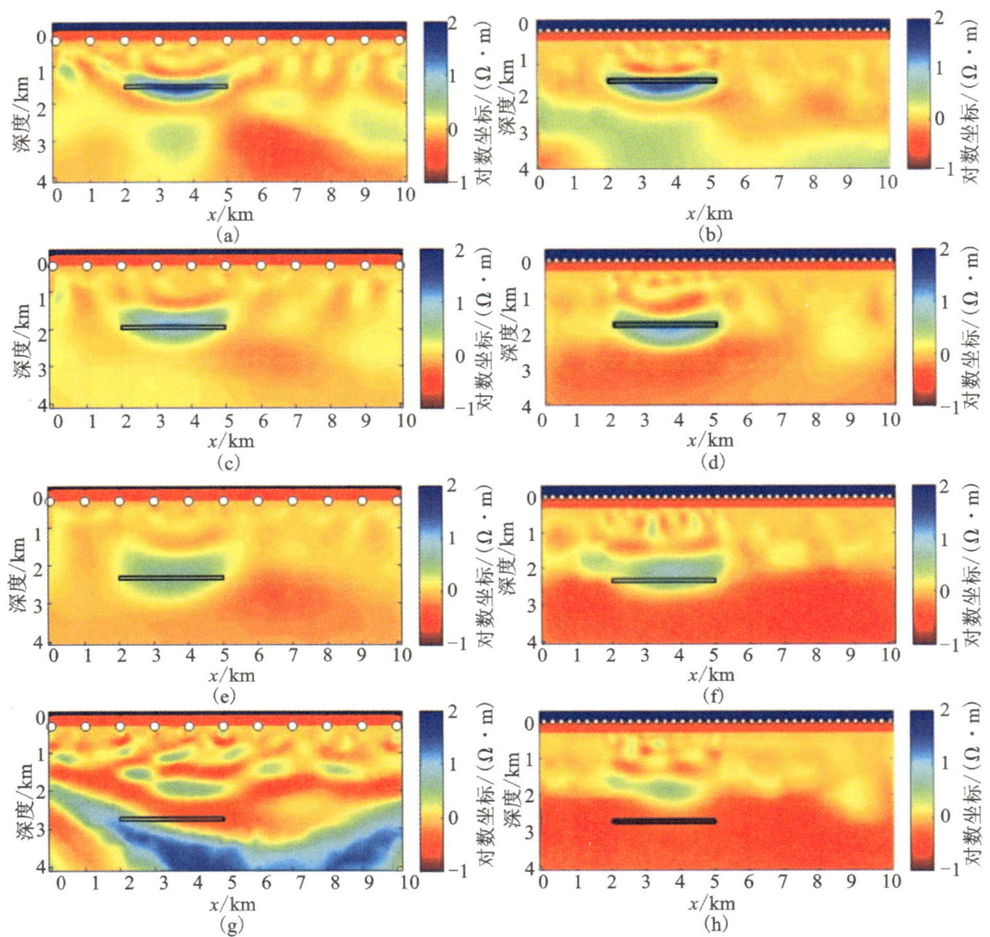

图 3.12　300 m 水深，海底基站式系统[(a)、(c)、(e)、(g)]和拖曳拖缆式系统[(b)、(d)、(f)、(h)]的反演结果

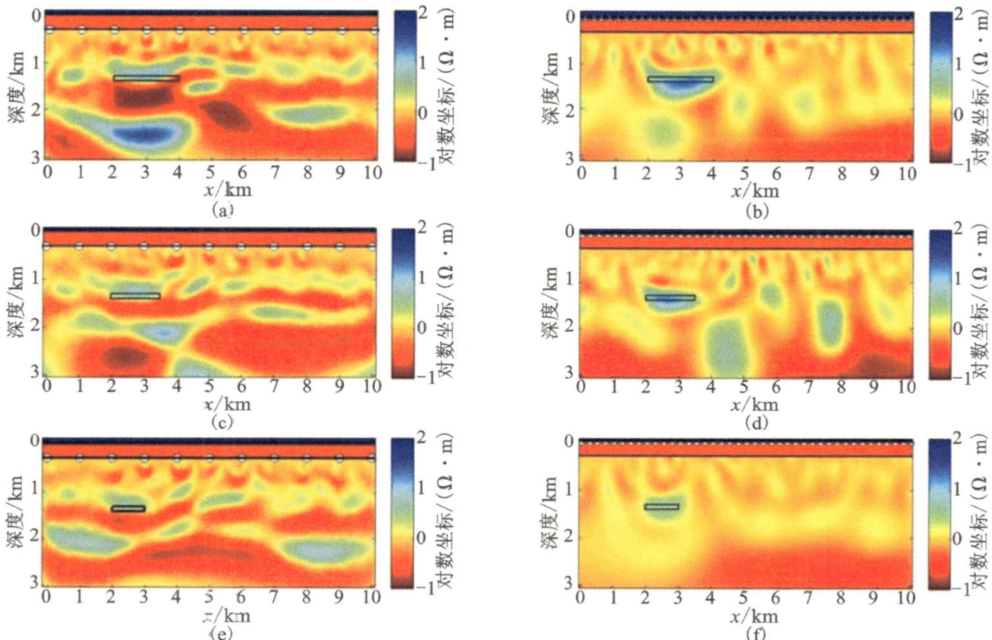

图 3.13　海底基站式[(a)、(c)、(e)]和拖曳拖缆式[(b)、(d)、(f)]系统的反演结果

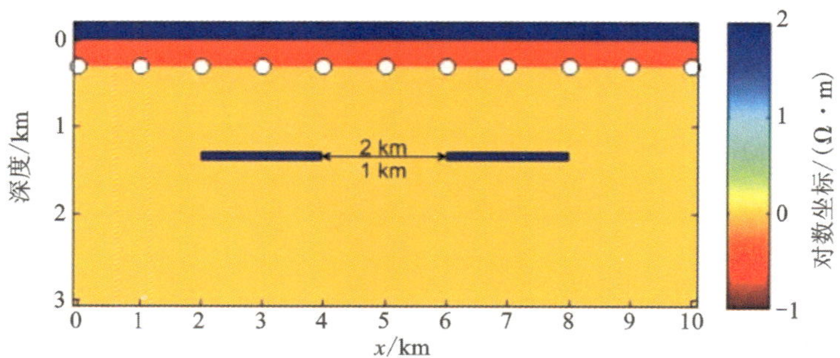

图 3.14　高电导背景介质中薄电阻层装模型

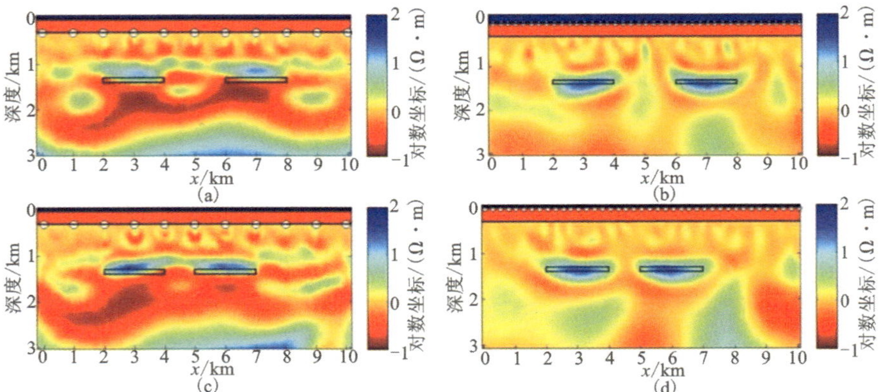

图 3.15　300 m 水深，海底基站式系统[(a)、(c)] 和拖曳拖缆式系统[(b)、(d)] 的反演结果

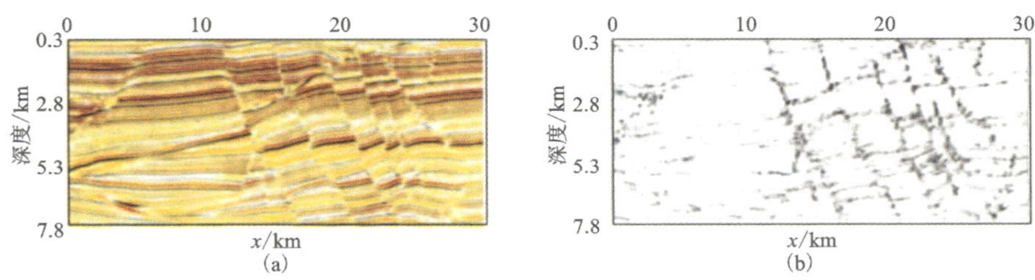

图 4.1　(a) 地震图像；(b) 地震相干度图像

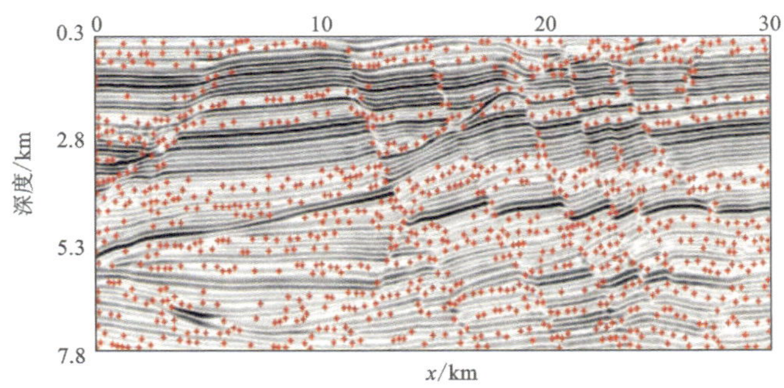

图 4.2　Harris 角点采样结果。红色点表示特征点的位置，背景是地震灰度图像

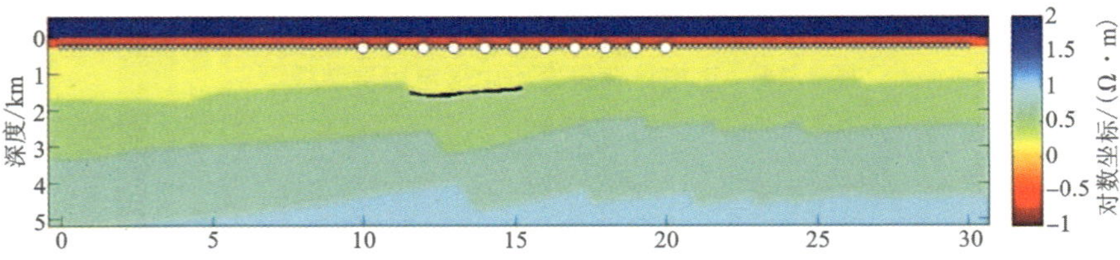

图 4.4　电阻率模型。白色圆点和三角形分布代表了接收器和源的位置

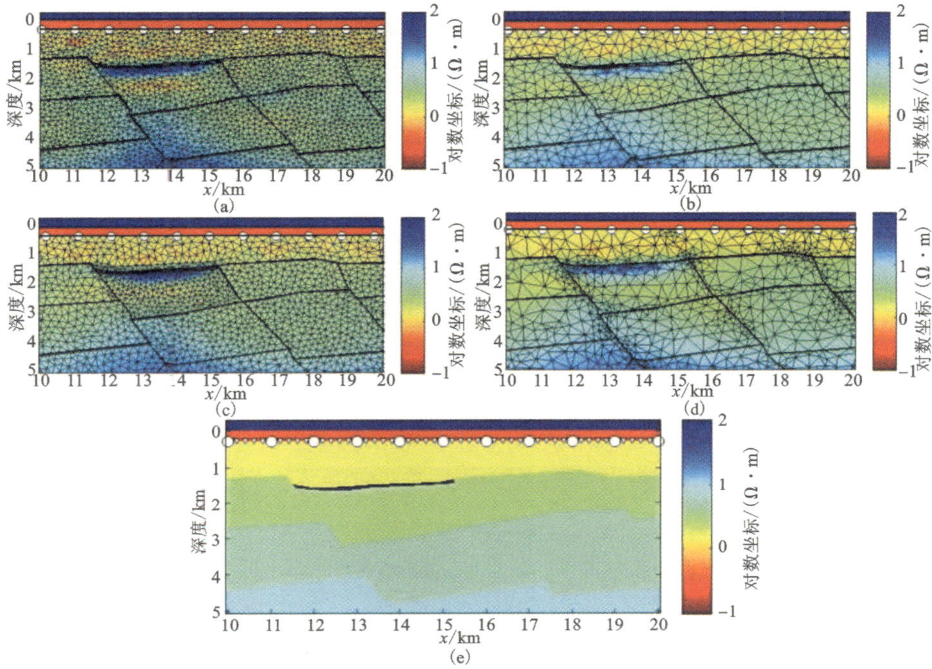

图 4.6　CSEM 数据得反演结果。(a) RD 网格；(b) RS 网格；(c) IH 网格；(d) IC 网格；(e) 生成合成数据的真实模型

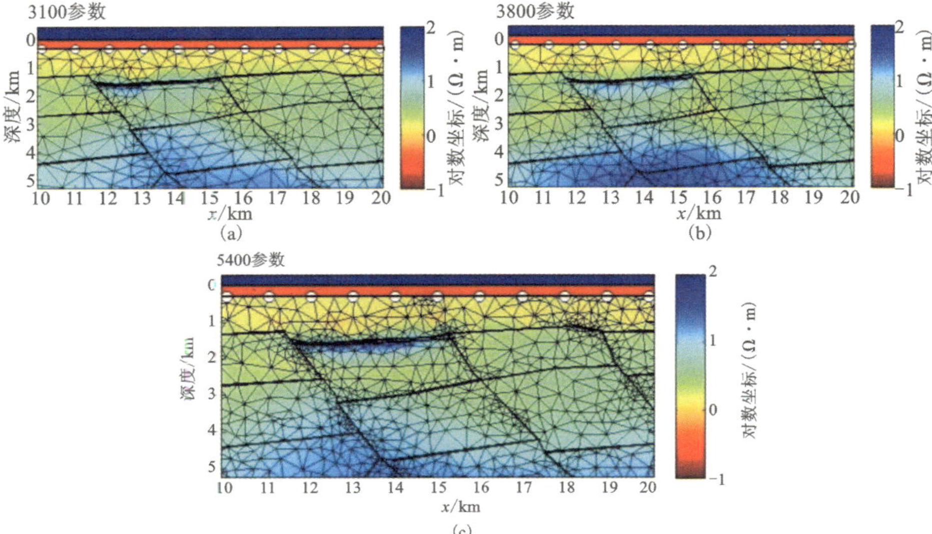

图4.11　IC 稀疏网格的 CSEM 数据反演结果。生成 IC 网格的节点数不同：(a) 750 个顶点；(b) 500 个顶点；(c) 1000 个顶点

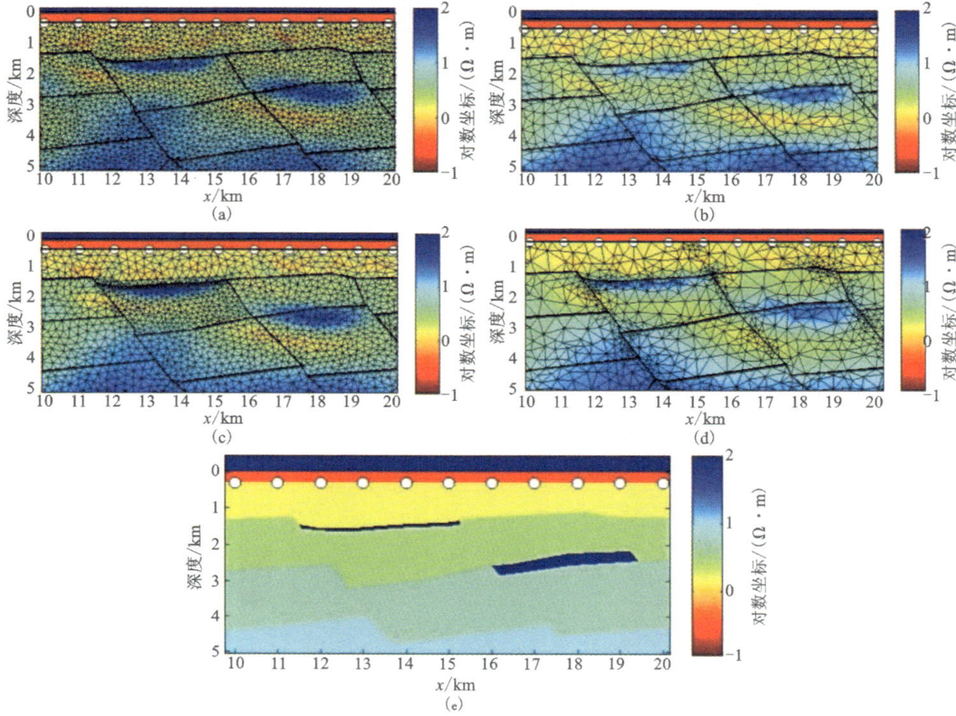

图 4.13 CSEM 数据的反演结果。(a) RD 网格；(b) RS 网格；(c) IH 网格；(d) IC 网格；(e) 生成合成数据的真实模型

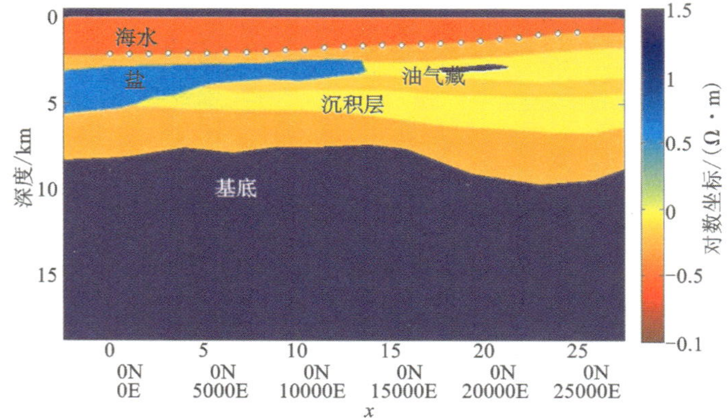

图 5.4 合成数据的电阻率模型，包括海水层，起伏海底，低电阻率沉积层，较高电阻率的盐层，一个表示油藏的高阻薄层，以及大地基底。白点是接收器的位置，间距为 1.32 km(据 Key，2012b)

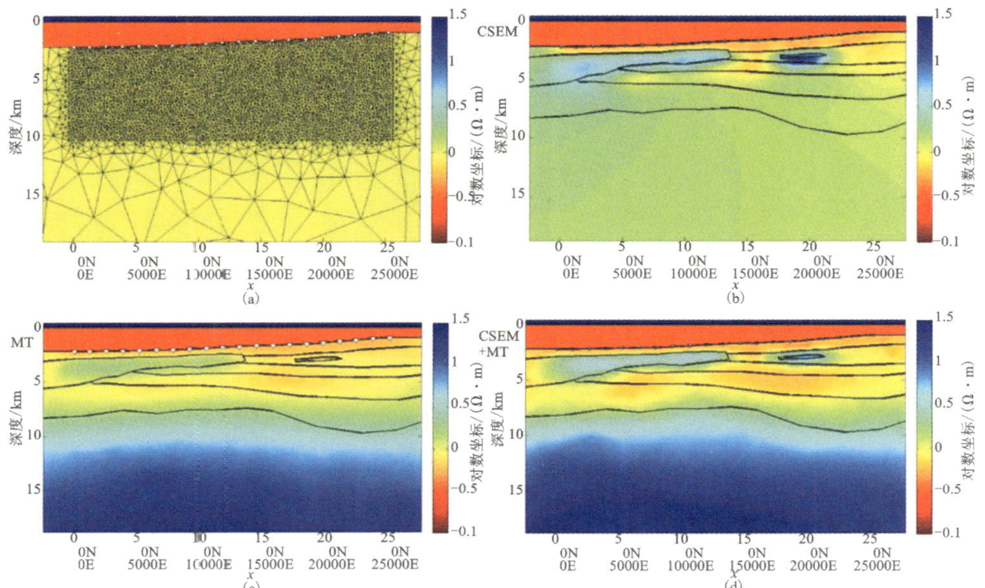

图 5.5　(a) 精细规则致密网格包含 8500 个反演的自由参数；(b)，(c)，(d) 分别是可控源电磁法数据，大地电磁数据以及它们联合反演的结果

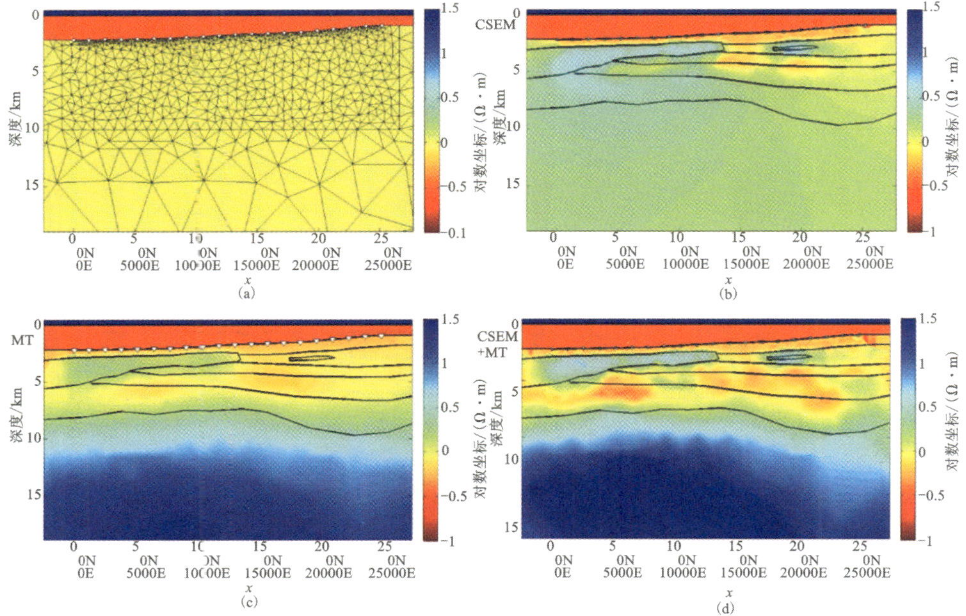

图 5.7　(a) 规则稀疏网格包含 1700 个反演的自由参数；(b)，(c)，(d) 分别是可控源电磁法数据，大地电磁数据以及它们联合反演的结果

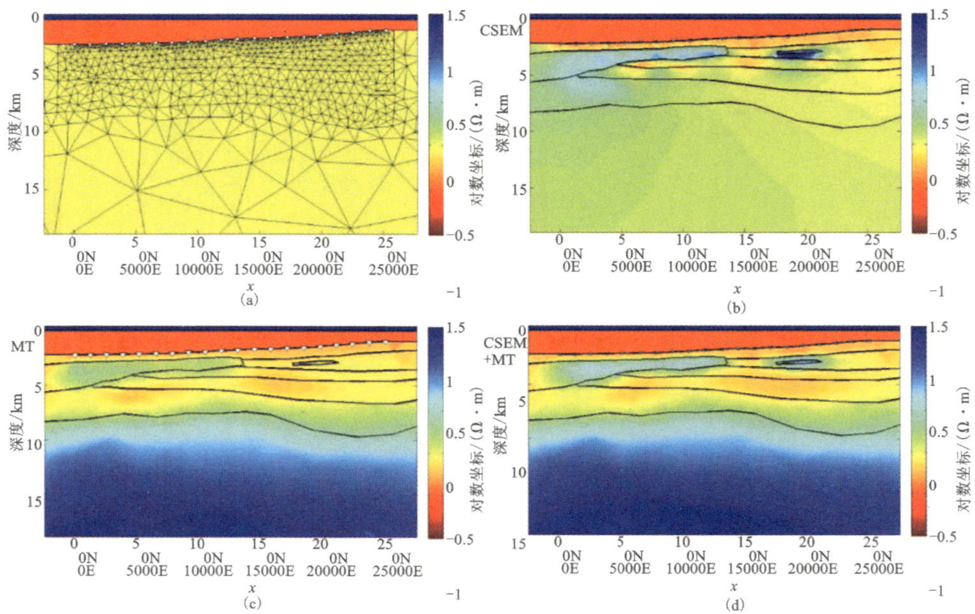

图 5.9 (a) 基于地震相干度的不规则稀疏网格; (b), (c), (d) 分别是可控源电磁法数据, 大地电磁数据以及它们联合反演的结果

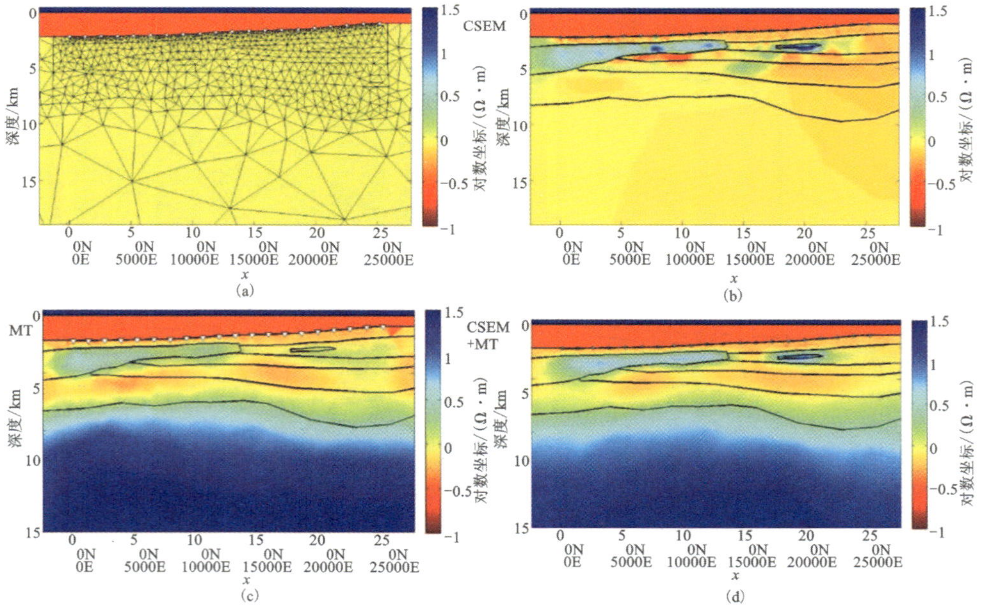

图 5.11 (a) 用于图像引导正则化反演的不规则稀疏网格; (b), (c), (d) 分别是可控源电磁法数据, 大地电磁数据以及它们联合反演的结果

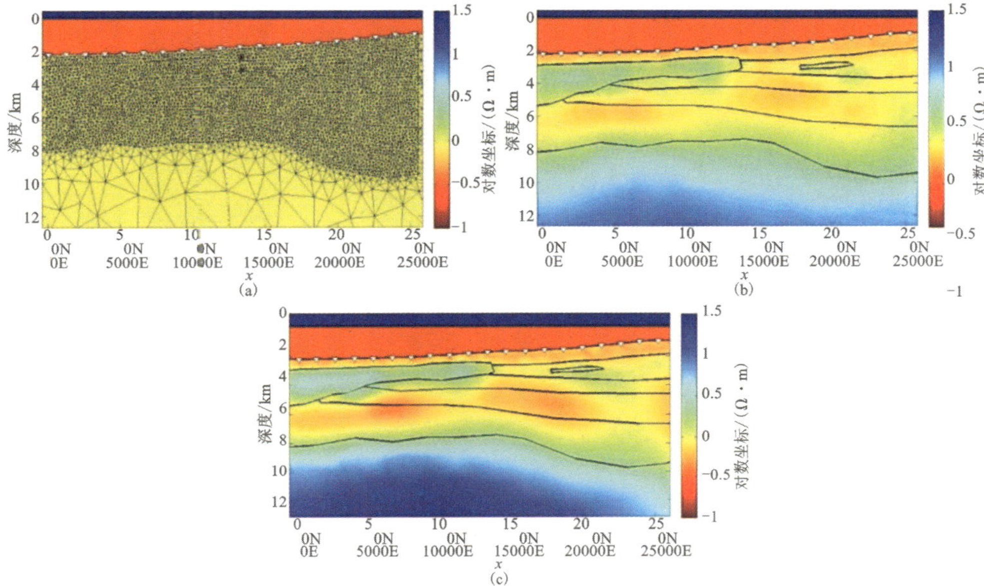

图5.13　(**a**)大地电磁数据反演的不规则密集网格；反演结果使用(**b**)标准正则化和(**c**)图像引导正则化方法

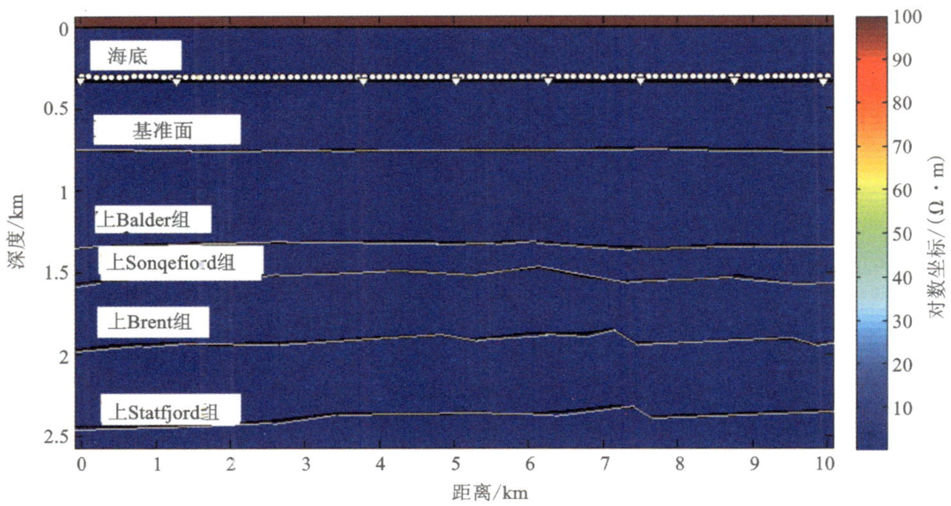

图5.14　带有地层信息的**2008**年**Troll**海底基站式数据反演的初始模型。位于海床上的三角形表示接收器位置

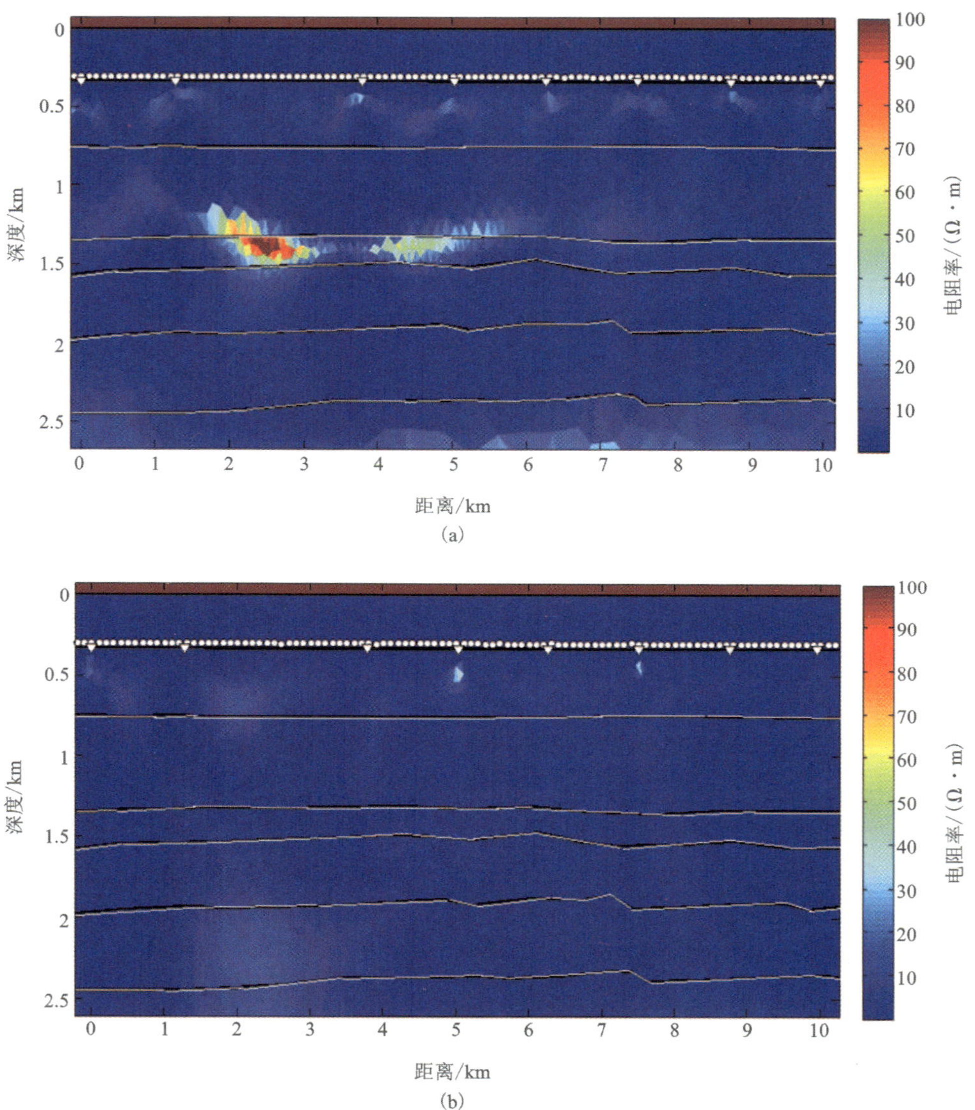

图 5.15 标准正则化反演 **2008** 年 **Troll** 海域可控源电磁法数据。三角形表示接收器位置；白色标记是发射器的位置。(**a**) 垂直电阻率，(**b**) 水平电阻率

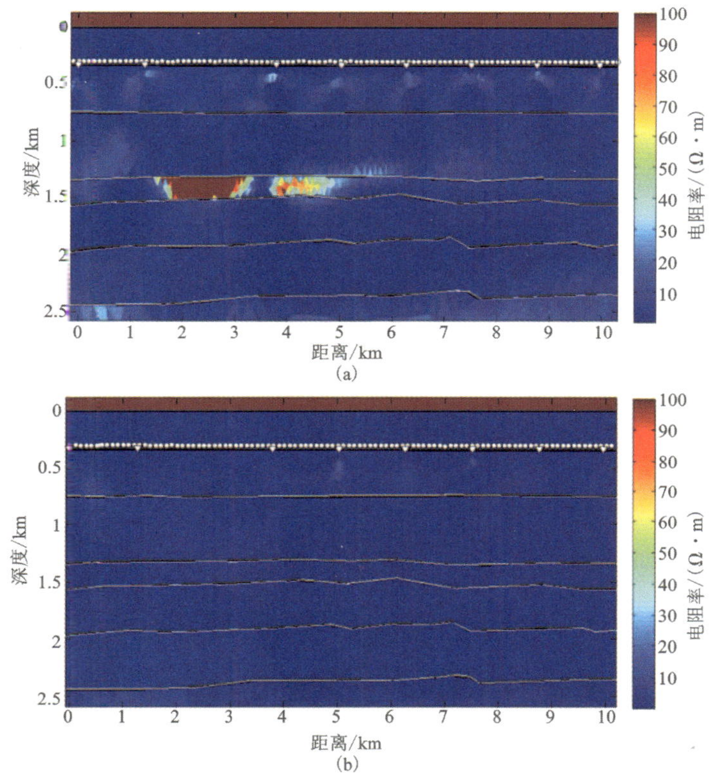

图 5.16　图像引导正则化 2008 年 Troll 海域可控源电磁法数据。三角形表示接收器位置；白色标记是发射器的位置。(a) 垂直电阻率，(b) 水平电阻率

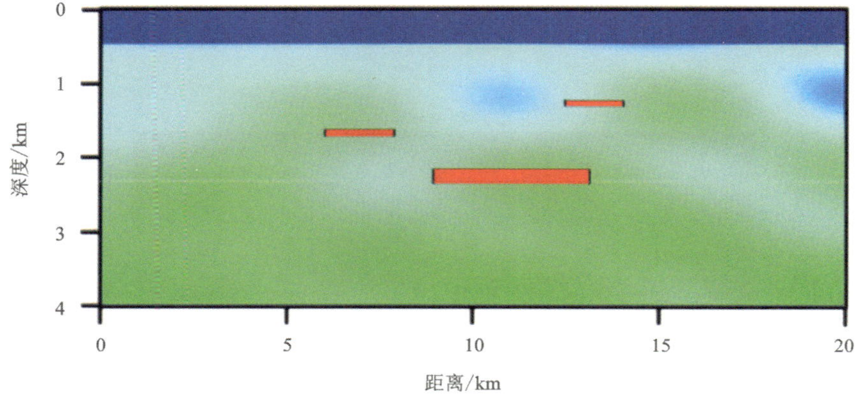

图 6.1　用于创建合成数据的简单模型。蓝色层是海水；绿色区域表示背景；红色矩形是电阻率目标

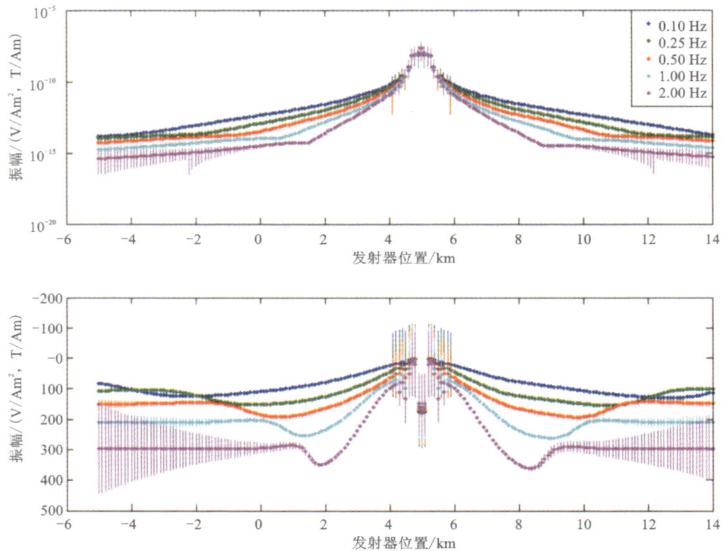

图 6.2　来自位于 **5 km** 处的接收器的 **5** 个不同频率的合成数据。上图显示了振幅与发射器位置的关系，下图显示了相位与发射器位置的关系

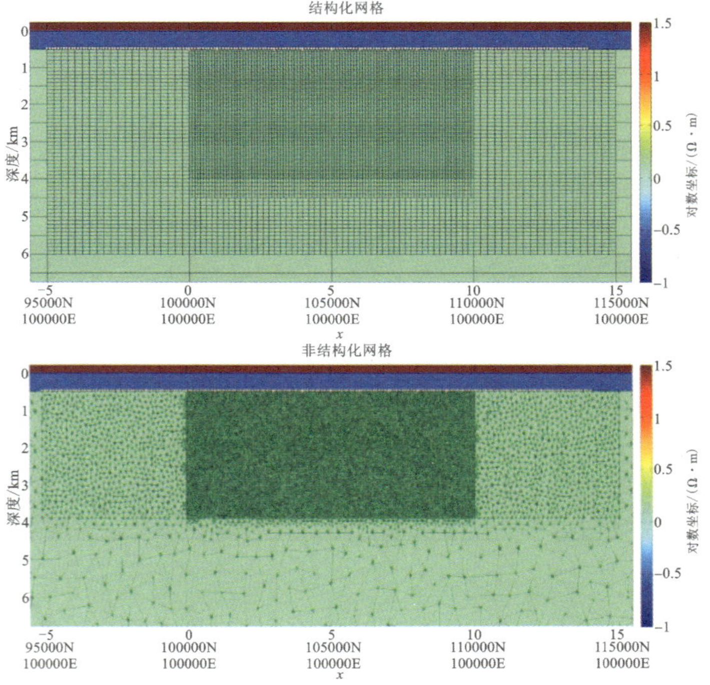

图 6.3　用于海洋可控制源电磁数据反演的结构化和非结构化网格

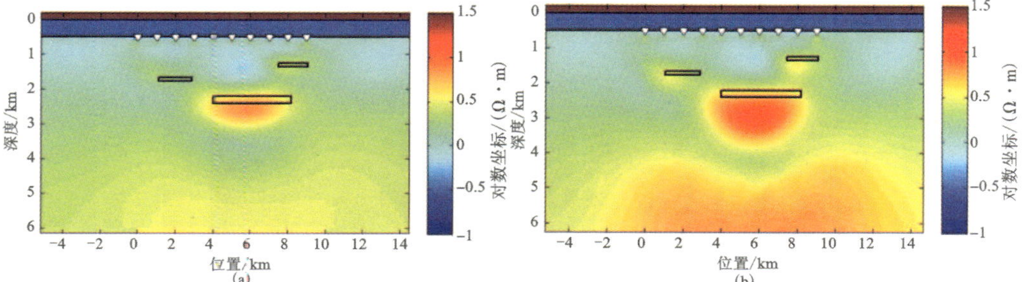

图 6.4　使用 Occam 反演使用(a)结构化和(b)非结构化网格反演的水平电阻率(*Rh*)图像

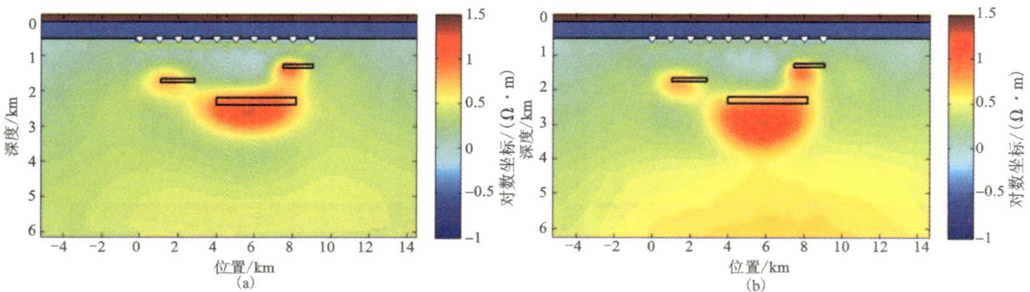

图 6.5　使用 Occam 反演的(a)结构化和(b)非结构化网格反演的垂直电阻率(*Rv*)电阻率图像

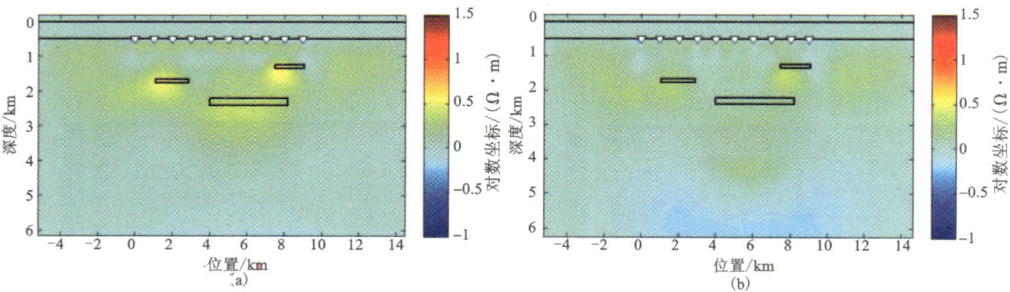

图 6.6　使用 Occam 反演的(a)结构化和(b)非结构化网格的垂直和水平电阻率(*Rv/Rh*)的各向异性比

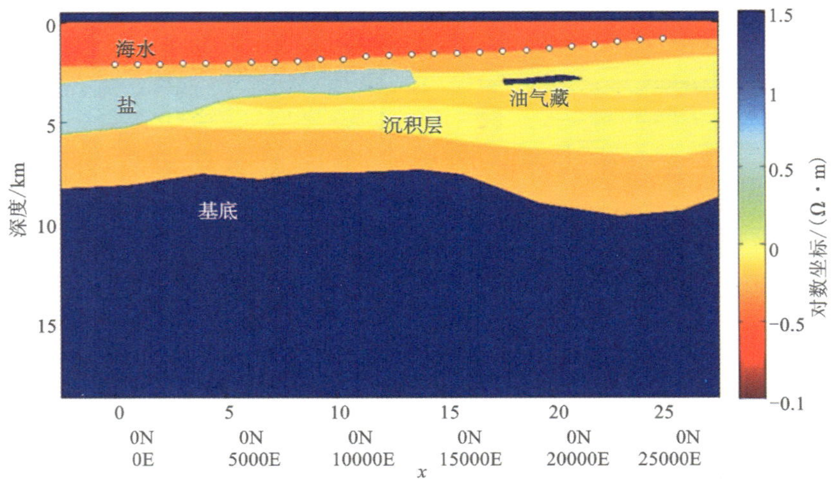

图 6.9　一种合成模型，包括倾斜的海底测深，导电沉积物和厚层状电阻，代表盐层，薄电阻碳氢化合物储层和下伏电阻基底。白点是接收器的位置，相隔 1.32 km。转载自 Key(2012)

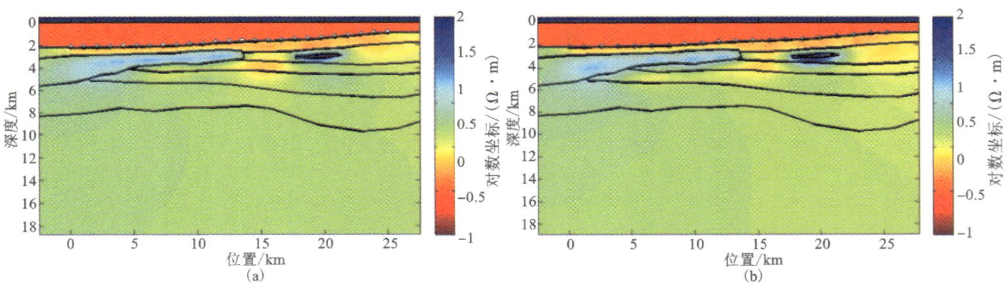

图 6.11　Occam 反演(a) 结构化和(b) 非结构化网格电阻率图像

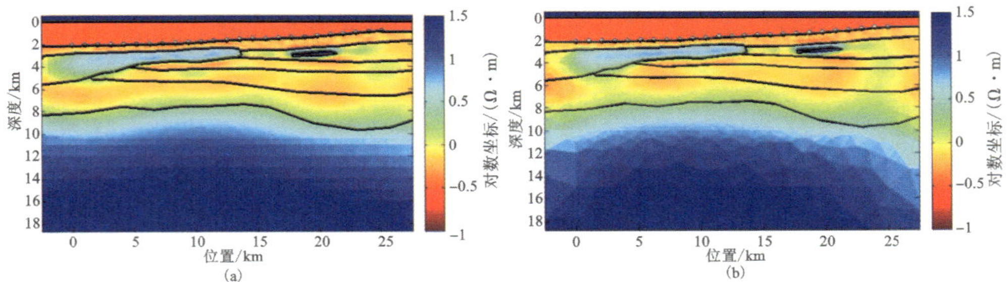

图 6.15　使用(a) 结构化和(b) 非结构化网格，通过可控源电磁和 MT 数据联合反演的电阻率图像